혁명은 변두리
시골 빵집에서 시작된다

변두리 시골 빵집에서 균형이론을 펴다

혁명은 변두리
시골 빵집에서 시작된다

초판 1쇄 인쇄일 2016년 12월 15일
초판 1쇄 발행일 2016년 12월 22일

지은이 류호성
펴낸이 양옥매
디자인 남다희
교 정 조준경

펴낸곳 도서출판 책과나무
출판등록 제2012-000376
주소 서울특별시 마포구 방울내로 79 이노빌딩 302호
대표전화 02.372.1537   팩스 02.372.1538
이메일 booknamu2007@naver.com
홈페이지 www.booknamu.com
ISBN 979-11-5776-350-4(03330)

이 도서의 국립중앙도서관 출판시도서목록(CIP)은 서지정보유통지원 시스템
홈페이지(http://seoji.nl.go.kr)와 국가자료공동목록시스템
(http://www.nl.go.kr/kolisnet)에서 이용하실 수 있습니다.
(CIP제어번호 : CIP2016030671)

혁명은 변두리 시골 빵집에서 시작된다

류호성 지음

변두리 시골 빵집에서 균형이론을 펴다

과학적 몽상가 전직 대학교수가 빵을 굽다가
자본주의를 구워 버렸다. 그건 실수였다.
그러나 그 실수는 부패한 우리 사회를 바꾸어 보려는
간절한 소망이 담긴 새로운 빵이 되었다.

책과나무

혁명은
변두리 시골 빵집에서
시작 된다

'혁명은 변두리에서 시작 된다.'

마르크스 사상을 현실 세계에 실현하려 한 인물, 레닌의 말이다. 그리고 이 혁명은 일본의 변방, '가쓰야마'라는 작은 시골 빵집에서 시작되어 한국의 오지 마을 청송군 현동면 허름한 빵집에까지 옮겨 왔다. 다시 말해, 150년 전부터 시작된 마르크스 레닌의 혁명은 일본의 시골 빵집 와타나베 이타루를 통해 전달되어져 왔고, 지금은 한국의 오지 마을 변방, 역시 시골 빵집에서 다시 시작되려 하고 있다.

나는 한때 대학에서 재직했었다. 일본과 마찬가지로 한국에서도 출산율이 급격히 줄어들면서 일부 시골 학교들은 폐교되기도 하였다. 이런 영향으로 대학의 학생 모집이 힘들어졌고, 나는 학생 없는 강의실을 지키다가 결국 명예퇴직이란 형식으로 학교를 정리하고 말았다.

다행히 그 당시 나는 한국의 IMF 이후 급격하게 변해 가는 사회 현상을 예의 주시하여 왔고, 그러한 흐름을 나름대로 정리하여 책을 한 권 낸 적이 있었다. 책 제목은 『자본주의여 반성하라』. 일명 '황혼의 자본주의 이쯤에서 작별을….'이라고 하는 책이다. 그 후, 나에겐 일부 언론 기자들로부터 '과학적 몽상가 교수'라는 별명이 붙여졌고, 책의 내용이 '좀 특이하다.'라는 평을 듣기도 했다.

그렇지만 백수가 된 나는 미래가 불안했다. 노후 문제에서부터 큰아이 혜연이와 둘째 경식이의 미래까지, 도무지 예견할 수 없었다. 많은 번뇌가 따랐고, 고통과 고민, 불안한 나날의 연속이었다. 그러다 우연찮게 큰아이가 결혼을 하게 되었고, 지금은 뉴욕에서 너무나 예쁘고 귀여운 '엘리'라고 하는 손녀까지 얻어 잘 살고 있다.

나 또한 이곳저곳 전전긍긍하다가 얼떨결에 시골 빵집을 운영하게 되었다. 처음엔 힘들고 다소 생소하였지만 이젠 새로운 사업에 잘 적응하여 묵묵히 그 길을 걷는 중이다.

그런 시골 빵집, 대한민국 경상북도 청송군 현동면 도평리, 오지 중의 오지, 그런 산골 마을 빵집에서 나는 어느 날 빵을 굽다가 기적과 같은 새로운 만남을 보게 된다.

다시 말해 『시골 빵집에서 자본론을 굽다』라고 하는 와타나베 이타루가 지은 책, 특히 마르크스, 레닌의 혁명과 맞닿아 있는 책, 그런 기적과 같은 만남은 너무나 큰 충격이었고 또 운명이 되었다.

즉, 종전까지 나는 내가 신봉하던 나의 자본주의를 이젠 잊고 살려고 했는데, 그 자본주의를 이 시골 빵집에서 다시 만나다니, 정말 희한한 운명이 나에게 다가온 것이다. 따라서 나는 다시 도진 몽상가의 기질로 '혁명의 빵'을 만들기로 했다.

특히 내가 살고 있는 시골은 사과나무가 많다. 한 알의 사과를 수확하기 위해 농부는 여름 내내 구슬땀을 흘려야 하고. 내리쬐는 태양, 뜨거운 폭염 속에서 지독한 고독과도 싸워야 한다. 그리고 그 뒤에 찾아오는 한 점 해후, 그 실바람과 같은 한 점 해후는 내가 만든 혁명의 빵맛과 맞닿아 있다.

특히 새참으로 먹는 혁명의 빵, 그 빵맛의 묘미는 우리들의 인생을 이야기하고 삶의 질을 재단하기도 하고, 더 나아가 우주의 끝과 지구의 미래를 이야기하면서도 우리 모두 왜 부자가 되지 못하는지에 대해서도 명백히 설명해 준다. 즉, 우리 밀과 천연 이스트, 그리고 사과 효소로 발효시킨 새참용 시골 빵이지만 그것이 주는 묘미는 묘한 여운을 주는 맛이다.

다시 말해, 몽상가 대학교수가 시골 빵집에서 빵을 구웠다. 그러나 빵을 굽다가 간혹 멍하니 생각에 잠겨 자본주의를 굽고 말았다. 실수였다.

그러나 그 실수는 부패한 우리 사회를 바꾸어 보려고 하는 간절한 소망이 담긴 새로운 빵이 되었고, 이 책은 바로 그러한 실수로 구워진 새로운 빵들을 모은 것이다. 그래서 묘한 여운을 주는 맛이 난다는 것이다.

2016년 12월

류 호 성

| 목차 |

1.
자본주의 사회에서는
나만 있고 너는 없다

아! 이런 모순이!
더 이상 신(神)을 찾지 마라
나는 나의 정체를 모른다
자본주의 사회에서는 나만 있고 너는 없다
경이로운 존재 '나에겐 내가 없다'

『화가 난다. 열심히 빵을 굽고 있는 내가 도박판에 빠져 있다니. 도저히 납득이 가지 않는 논리이다. 우리 밀과 천연 이스트, 버터와 계란, 설탕과 소금 등도 모두 도박판의 재료라고 하니 도대체 뭐가 뭔지 모르겠다. 특히 우리 사회의 작동 원리와 도박판의 그것과 꼭 닮아 있다는 논리, 모두 황당하고 모순일 수밖에 없었다. 그래서 이 단원의 빵은 '애매모호한 빵'이라 명명한다.』

아!
이런 모순이!

모순이다. 인간은 매년 120억 명이 먹을 수 있는 식량을 생산하고 있다고 한다. 그런데도 60억 인구 중 9억 명 정도가 굶어 죽거나 기아에 허덕인다고 한다. 참으로 희한하고 해괴한 모순이 아닐 수 없다. 식량이 남아도는데 굶어 죽는다? 그것도 9억 명이나 말이다. 상식적으론 도저히 이해가 가지 않지만 지구촌 내에서 일어나고 있는 엄연한 현실이다.

특히 남북으로 갈라져 있는 한국의 실정은 더욱 묘하다. 남한은 쌀이 남아돌아 골칫덩어리인데 북한은 그 쌀이 없어 굶어 죽는다. 같은 민족끼리 한쪽에선 남아돌아 골칫덩어리이고, 또 한쪽에선 그 쌀이 없어 굶어 죽는다? 도대체 무엇이 문제인가? 그리고 누구의 잘못인가? 혹 하느님의 잘못인가? 아니면 굶어 죽는 북한 사람들의 무능 때문인가? 맨정신으로는 도저히 이해가 되지 않는 일이지만, 그러한 모순이 작금의 한국 사회에 일어나고 있다는 사실이다.

하기야 굶어 죽는 주민들을 담보로 김정은이 자신의 부도덕한 정권을 지키려 하고 있다는 사실을 왜 모를까마는, 세상 어떻게 돌아가는지조차 모르는 불쌍한 주민들은 그러한 김 부자 정권이 그래도 지상 천국이라 우겨대니 웃겨도 정말 너무 웃기는 모순이다.

아니, 어쩌면 모순치고는 너무 슬프고 답답한 모순인지도 모르겠다.

그렇다. 이런 희한하고 괴상한 모순은 또 있다.

얼마 전 한국에서 모 전직 대통령 아들의 노역 일당이 하루 400만 원씩 한다고 한다. 즉, 2년 8개월 동안 하루 400만 원씩 계산하여 총 38억 6,000만 원의 포탈 세액을 모두 탕감해 준다는 것이다. 더군다나 그가 하는 일이라곤 종이접기, 잔디 깎기, 쓰레기 치우기 등, 일반 잡일에 불과한데 하루 일당을 400만 원씩 쳐서 계산해 준단다.

하도 어이가 없어 처음엔 두 귀를 의심했지만, 몇 년 전 모 그룹 회장의 일당이 하루 5억씩 계산된 황제노역의 사례도 있다고 하니, 실제 400만 원의 일당은 알고 보니 새 발의 피였던 셈이었다.

황제노역, 조세포탈 금액이 254억, 이 금액을 하루 5억씩 50일 동안 계산하여 모두 탕감해 준 게 법이라고 한다. 이 무슨 개 풀 뜯어 먹는 소리 같은 법인가?

그동안 우리는 법이라고 하면 사회 정의를 지키는 최후의 보루인 줄 알았다. 그리고 그 법을 다스리는 법원의 판결은 언제나 평등하고 공정의 상징으로 여겨 왔다. 그런데 그 법이 개 풀 뜯어 먹는 소리로밖에 들리지 않으니 황당해도 너무나 황당한 모순이 아닌가 싶다.

더군다나 그 잘난 그 그룹 집안 내력을 살펴보았더니, 대단해도 정말 대단한 법조 집안이었던 것이다. 즉, 부친이 37년 동안 그 지역의 향토 판사였고, 동생도 판사고, 사위도 판사고, 매제는 차장검사였고, 여동생은 법무부 산하 교정중앙협의회 의장으로 있었으니 이미 법이란 법은 모두 통달한 집안이었던 것이다.

그렇다. 그렇게 법을 통달한 집안, 그 대단한 집안은 재산을 지키는 데에 법을 그들의 문지기 개로 이용하고 있었던 것이다. 다시 말해, 가진 것 없는 우리는 사회 정의를 지키는 최후의 보루가 법이라고 생각했는데, 대단한 법조 집안은 법을 그들의 재산을 지키는 문지기 개로 이용한 것이었다.

어쨌든 254억 원을 그렇게 꿀꺽해 버리는 신기한 법, 그건 이미 법이 아니었다, 개 풀 뜯어 먹는 소리와 같은 황당한 모순이었다.

모순은 또 있었다.

유럽의 축구 신동 리오넬 메시는 1년에 898억 정도 벌어들인다고 한다. 호날두는 955억, 프로 권투선수 메이웨더는 경기 대전료와 기타 수입으로 지난해에만 3,337억 정도를 벌었다고 한다. 중국을 강타한 한류스타 송중기는 지난해 팬 미팅 수입으로만 170억을 벌어들였고, 광고 수입과 출연료 수입을 합치면 역시 수백억 수입은 거뜬하다고 한다.

모두 자본주의 사회에서 일어나고 있는 일류 스타들이 벌어들인 천문학적 금액이다. 그러나 한국의 최저 임금은 시급 6,050원, 월급 135만 원 정도가 고작이다.

노가다 판 하루 10만 원짜리 일당은 1년 내내 하루도 쉬지 않고 뼈 빠지게 일해야 3,600만 원을 벌 수 있다. 그것도 쓰지도 먹지도 않고, 등골이 휘도록 그대로 꼬박꼬박 모아야 10년이면 3억 6천만 원이고, 100년이 넘어야 36억밖에 벌지 못한다. 메시가 1년 만에 벌어들인 수입을 따라가자면 2500년은 썩어 문드러져야 가능한 금액이다.

물론 세계 최고의 거부들, 빌 게이츠나 워런 버핏, 제프 베조스 등의 재산에 비교하면 메시의 1년 수입도 새 발의 피에 불과하겠지만, 시급 6,050원을 받고 허탈한 웃음을 지어야 하는 일반 서민들은 삶 자체가 허접하기 그지없다.

이 모두가 자본주의 사회에서 일어나는 빈익빈 부익부의 현상, 서민들 입장에선 너무나 허탈한 모순이다.

그렇다. 돈이 없으면 죄도 많다.

바로 자본주의라고 하는 사회 구조가 그렇게 만들고 있었다. 흔히 하는 말로 무전유죄(無錢有罪)의 사회 구조, 법정에서는 옳고 그른 것이 문제가 아니었다. 오직 돈이 많고 적고가 문제였다.

프랑스의 악명 높은 변호사, 파트릭 메조뇌브는 돈만 되면 무엇이든 변호한다. 2차 세계대전 중 유대인 1만2,000명을 죽여 '리옹의 도살자'로 악명을 떨친 나치 게슈타포 대장인 클라우스 바르비도 변호했고, 캄보디아 '킬링필드' 학살의 주범인 크메르루주 정권 수반, 키우 삼판도 변호했다.

즉 "인류의 역적"이라 해도 돈만 되면 누구든 변호하는 게 그들의 본분이다. 바로 '유병언의 장녀' 유섬나 씨도 이런 거물 변호사에게 변호를 맡겼다.

나아가 정치인을 포함하여 재벌 기업 회장의 변호인단은 모두 이런 거물 변호인단으로 가득 채운다. 전관예우는 물론이고 학연, 지연, 혈연 등, 모든 백(back)이란 백은 다 동원하여 돈으로 가득 채우는 게 그들의 생리이다. 그리고 법정에서 그 거물 변호인들은 '재벌들이 억울하다.'고 변호한다.

다시 말해, 시급 6,050원 받고 사는 서민들은 '억울하다.'고 항변할 기회조차도 없지만, 수백 수천억씩 버는 재벌님들은 그래도 그들이 더 많이 못 벌어 '억울하다.'고 한다. 그래서 모순이다. 정말 기가 막히는 모순이다.

그리고 이 기막힌 모순 덩어리의 사회, 그건 바로 자본주의의 작동 원리라고 한다.

즉, '끗발이 인생을 좌우하고 돈이면 모든 게 해결되는 사회', 바로 우리가 향유하고 있는 자본주의였다. 그리고 그 작동의 원리는 알고 보니 도박판의 그것과 꼭 닮아 있었다.

다시 말해 국가는 거대한 도박판을 제공하는 대여업과 같은 것이었고, 법과 규칙은 도박판의 룰(rule)과 같은 것이었다. 그리고 경찰은 이러한 룰을 어기는 자를 잡아들이는 파수꾼 역할을 하고 있었고, 군대는 외부 세력으로부터 도박판을 지키는 중대한 임무를 띠고 있다.

나아가 학교는 시장성 원리를 교육시켜 자본가 및 도박판의 승자를 선호하게 만들었고, 교회는 이러한 부(富)가 하느님이 내린 축복의 증거라고 치켜세운다. 또한 예술은 승자들을 위해 극구 찬양의 노래를 부르며, 향락 시설은 자본가(도박판의 승자)들에게만 즐겁게 하는 전유물이 되어 있다.

그리고 대여업 국가는 이러한 도박판을 운영하기 위해 세금이라고 하는 형식으로 도박판의 그것과 같이 일정 비율의 하리를 어김없이 뗀다. 바로 거대한 도박판 자본주의, 그 구조가 이렇게 작동하고 있었다.

그렇다. 우리의 힘으로는 어떻게 할 수 없는 도박판 사회 구조, 바로 자본주의다.

슬프지만 아름다운 이 강산, 축복의 노래가 있다 해도, 그것은 도박판 자본주의에 함몰되어 있는 한 줄기 비주얼에 불과할 뿐이다.

결국 내가 사랑했던 이 세상, 이 지구가 모두 도박판이라니……. 아! 이런 모순이…….

사랑하는 아내와 사랑하는 아이들과 사랑하는 이웃이 있다 해도, 이 모두가 도박판에 빠져 있는 엉터리 같은 사회, 그건 정말 모순 덩어리였다.

『빵을 굽다가 기도를 했다. 빵의 신에게, 반죽기와 발효기, 오븐기로 둘러싸인 작은 공간에서 "빵과 자본주의의 경계선은 어디에 있나이까."라고. 그러자 빵의 신은 "나는 네가 바라고 원하는 모든 것을 보고 듣고 있다. 그리고 빵은 자본주의이고, 자본주의는 역시 빵이라고, 다시 말해 빵은 자본주의의 작동 원리에 따라 곧 돈으로 대치될 수 있는 상품"이라고. 그리고 "신의 역역을 침범한 인간은 더 이상 나를 찾지 말라."고 한다.』

더 이상 신(神)을
찾지 마라

신의 영역을 침범한 인간, 더 이상 신을 찾지 마라. 인터넷을 섭렵하다 보면 신은 인터넷으로 통한다. 가상공간 끝없는 구원의 영역, 네스케이프 종교 사이트로 들어가면 신은 인터넷 속에 존재한다.

티베트 라마교의 성전에서 기독교 신자인 또 다른 인간은 홈페이지를 찾아 "금주의 예배"를 위해 성경책과 찬송가의 구절을 외우고 마태복음 몇 장 몇 절에 적혀 있는 기도문을 떠올린다. 정해진 순서대로 예배를 진행하며 동영상을 통하여 사이버 목사의 설교를 듣는다. 그리고 예배를 마친 그는 신용카드를 이용하여 일정 금액의 헌금을 전자결제로 처리한다.

  황당한 이야기이지만 실제로 신은 인터넷 속에 있었다. 세계적으로 퍼져 있는 종교 관련 사이트는 음란사이트에 버금가는 60여 만 개나 있다고 한다. 가상공간상의 종교, 신성하다지만 형체도 없는 컴퓨터 신, 이것을 믿으란 말인가?

  터미네이터와 같이 죽지 않는 기계인간, 인간은 실제로 죽지 않는 컴퓨터 신을 알아본 것이다. 그리고 그 영원의 껍데기를 찾아 자기 자신을 의탁한다. 성(性)을 상품화하는 인터넷이 이제는 종교의 매체, 전도사의 구실로서 하느님의 말씀을 전한다.

  도대체 이러한 가치관들은 어떻게 받아들여야 할까? 낯선 땅, 내가 살아온 이념으로는 도저히 긍정이 가지 않는 사건이다. 더구나 넘치는 성욕, 부족한 기능(?)을 채우기 위해 비아그라가 나오는 세상에, 인간의 존엄을 이야기하던 생명의 조직들은 기계의 부속품처럼 바꾸어 끼울 수 있다고 한다.

  세포 조직 하나로 인간과 닮은 똑같은 조직을 수없이 복제할 수도 있으며, 닭장과 같은 아파트에서 정확한 시간에 알맞은 영양 사료와 인스턴트식품을 먹고 대량으로 사육될 수 있다는 것이다.

  쥐의 고환에서 자란 인간의 정자와 난자가 수정해 나온 아이, 영양분만 대어 준다는 쥐의 배양액은 인간과 동물의 벽을

허물어 놓는다. 그리고 그러한 실험을 통해 동물의 우성인자를 빌려서 인간의 고민을 해결해 준다는 논리, 그리고 편리하게만 판단하는 과학, 그 실현성 여부에 따라 앞으로 인간은 쥐를 보고 "아버지"라 해야 할 판국이다.

그렇다. 찬란하던 인간의 세계는 가고, 스케일이 웅장하던 장르가 사라진다. 노을이 젖어들던 인간의 대지 위에 푸른 바닷바람으로 풍어의 시를 낭송하던 진리의 성역이 사라지고, 오곡이 무르익는 낭만, 지축을 흔들던 인간의 존엄과 의(義), 꽃길 따라 지저귀던 수만 새소리의 풍악이 사라진다.

자본주의라는 정글의 법칙에 따라 사랑과 관용, 그러한 것들은 낡은 이념적 치장에 지나지 않는다. 진실과 정의는 세기의 조류에 따라 극단 속에 함몰되고, 순수와 같은 순진성은 삼류 작가와 같이 페시미즘의 미래를 예고한다.

태어남이 태어나지 아니함만 못하는 운명, 한마디로 인간은 이제 스스로의 개체가 아니고 온실 속에서 배양되는 피동적 존재였다. 그리고 영원은 없다. 인간의 가치가 사라진다. 찬란한 세기의 말에서 인간이 만든 과학에 의해서 인간이 사라짐을 보게 된 것이다.

그래서 기도를 한다. 이 모두가 자본주의가 만든 인간의 유산이었으니 마지막 남은 신(神)을 위해 기도를 한다.

위대한 과학이여, 커지면 더욱 커지려는 자본주의여, 인간의 심장을 꺼내어 교환하듯이 모든 영원도 그렇게 몰아가소서. 컴퓨터 신이여, 죽지 않는 터미네이터 인간이시여, 애초에 인간이 바라던 영원이었으나 인간을 대신하여 구원을 얻으소서.

비아그라가 인간의 성욕을, 무능력한 인간의 성욕을, 만끽하는 희열로 가져다주었으니 그를 하느님처럼 숭배하소서. 지폐를 보거든 용기를 얻으시고, 윤리와 도덕을 논하거든 그대의 장엄한 힘으로 밀어붙이소서. 실업자를 보거들랑 그들은 무능력의 표본이었으니 일거에 쓸어버리든지, 거세해 버리소서. 아픈 영원, 불쌍한 인간보다 이제 거칠 게 없는 자본주의 아닙니까? 영원한 자본주의 아닙니까?

복잡의 세계, 복잡에 근거한 논리로 자연의 신성함을 모독한 인간, 어리석고 졸렬한 인간, 그들의 한계를 준엄하게 꾸짖으시고, 행여 그들이 묻거들랑 다시는 신을 찾지 말라고 하시옵소서. 알량한 그들의 능력으로 하느님의 영역을 침범하였으니 더 이상 하느님의 인간이 아님을 입증하시옵소서.

그리고 인간이 만든 과학에, 인간이 신봉하는 자본주의에 인간의 멸종이 오거든 더 이상 나의 신을 찾지 말

라 하옵시고, 그 신은 나의 신이 아닌 너의 신 터미네이
터, 컴퓨터 신을 찾으라 하시옵소서. 나아가 인간 스스
로 네스케이프 종교 사이트로 들어가 찾은 인터넷 신,
그 사이버 목사의 설교를 경청하고 숭배하며 믿으라 하
시옵소서.

세기의 말.
인간의 역사를 두고 밀레니엄 버그의 기로에서 오는 가치관
의 단절이다. 그리고 이제 미래의 자손들은 온실 속에서 잘 부
화된 복제인간으로 가득할 것이며, 자본주의라는 이기심에 근
거한 우성의 인자, 시장원리주의와 정글의 법칙에 따라 마지
막 살아남은 자만이 복제인간으로 태어날 것이다. 아니면 인
간에 의해 조립되어진 터미네이터 인간, 그들과 복제인간으로
이 지구는 흥청망청 비아그라를 먹고 향락의 도시로, 밤거리
를 누비고 다닐 것이다.
재즈와 록 음악에 흐물거리는 춤, 가공할 제3의 세계가 우리
를 기다리고 있을 것이다. 그리고 열성인자로 전락한 원래의
인간은 지하로, 지하로 숨어 사는 비참한 미지의 세계가 우리
를 기다리고 있을 것이다. 따라서 슬픈 역사와 전통을 중단하
고, 문학과 성경책을 말살하며, 더럽혀진 윤리와 도덕을 저주
하는 인간은 더 이상 신을 찾지 말아야 하는 것이다.

『빵들이 오븐기 속에 구워지는 모습은 그야말로 환상적이다. 그런데 그 오븐기 속에 환상적으로 구워지는 아름다운 빵들을 보고서도 그 빵의 정체에 대한 물음이 아직도 풀리지 않는다. 즉, 그것은 "나는 나의 정체를 모른다."와 같은 것이었다.』

나는 나의
정체를 모른다

죽음과 삶.

인간은 누구나 다 육체라는 물질을 통하여 태어나고 죽게 되어있다. 그것을 화학적 성분으로만 따진다면 아무 의미가 없는 것이 또한 우리의 인생이다.

그래서 무가치한 육체, 영원이라는 이름을 빼 버리고 나면 우리는 한 줌 재와 같은 인생을 부둥켜안고 사는 것이다. 그런데 우리는 왜 영원이 없는 육체에 대해서 그렇게 애착이 많은가.

돌이킬 수는 없지만 묻고 또 물어보아도 그것은 답이 없다. 더구나 자본주의 사회에서 일어나고 있는 이상한 현상들, 산자의 가치가 죽은 자의 그것보다 더 못하다고 한다. 이러한 이상한 가치를 아주 명확히 지적해 주는 사례는 〈물고기 남자〉라는 어느 연극 무대에서 만나 볼 수 있었다.

남해 연안 양식장을 배경으로 하는 〈물고기 남자〉의 주인공 김진만과 이영복은 '물고기는 저절로 자란다'는 어느 브로커의 농간에 속아 양식장 사업에 실패하고 만다. 망해 버린 양식장을 두고 김진만은 실패의 원인을 외부에서 찾는 데 반해 이영복 그 원인을 내부에서 찾는다.

그러다가 브로커가 다녀간 날, 관광선이 암초에 부딪쳐 침몰한다. 그리고 배가 침몰하자 유가족들이 몰려온다. 시체가 있으면 보상금이라든지 보험금이 조속히 지급되지만, 시체가 없으면 사망 사실이 확정될 때까지 몇 년간이나 보류되는 보험금 지급 조항 때문에 유가족은 시체 찾기에 혈안이다.

김진만은 브로커가 묵고 있는 읍내에서 자기 남편의 시체를 찾아 주면 거액의 사례비를 주겠다는 한 여자를 만난다. 그는 사례비를 받을 욕심에 바다에 나갔다가 살아 있는 한 남자를 구해 온다. 그러나 사망자에게만 보상금과 보험금이 지급되고, 사망하지 않으면 자격이 없다는 사실을 알게 된다.

혁명은 변두리 시골 빵집에서 시작된다

김진만과 이영복은 그 살아 있는 남자를 둘러싸고 각기 다른 생각과 행동을 보여 준다. 김진만은 "물고기 남자"라고 별명붙인 그 모르는 남자가 차라리 죽기를 바라는 반면, 이영복은 모르는 사람에 대한 잔인한 행동이 자기 속에서 반복되고 있음을 깨닫고 반대한다. 그 살아 있는 남자는 이 인정머리 없고 영원이 결핍된 논리에 살아 있다는 것에 대해 큰 거부감을 느낀다. 그리고 무례한 사회에 대한 저항처럼, 양식장의 수조에 바닷물을 가득 채우고 스스로 들어가 죽는다.

이에 김진만은 남자의 시체를 아내인 여자에게 전하고 거액의 사례비를 받는다. 그리고 아무 미련 없이 양식장을 떠난다.

픽션을 전제로 한 내용이지만, 그러한 사례가 우리 사회에 실제로 있어 왔다는 데 문제가 많다. 특히 IMF를 맞이한 이후 한국사회에서 산 자의 가치가 죽은 자의 그것보다도 못한 사례, 그러한 사례는 얼마든지 있었다.

먼저 채무자를 생명보험에 가입시킨 뒤 '자살하라'고 강요하는 기막힌 채권확보 수법이 엄염한 현실로 기사화된 적이 있었다. 지난해 조 씨란 사람은 충남 서천군에 폐기물공장을 신축 중이던 C업체 대표 장 모 씨에 빌려준 4천 9백만 원을 받지 못하게 되자 장 씨를 위협, 4개의 생명보험에 가입시키면서 보험금 5억여 원을 자신들이 받을 수 있도록 자살을 강요했다는 것이다.

이 과정에서 조 씨 등은 장 씨를 군산, 대구 등지로 끌고 다니면서 폭행하고, 서울 강동구 천호3동 S아파트의 방을 빌려 감금하기도 했으며, "일요일에 사망하면 보험금도 2배가 나오니 일요일을 택해 자살하라"는 독촉에 실제로 장 씨 등은 중부고속도로에서 시속 170㎞를 달리는가 하면 몇 번에 걸쳐 자살을 기도한 것으로 밝혀졌다.

그리고 부산에서는 택시기사가 자신이 보험금을 노리기 위해 자신의 발목을 절단하는 사건이 벌어지기도 했다. 2천 1백여 만 원의 빚을 지고 있는 택시기사 손 씨는 5개의 보험 상품으로부터 6억 8천여 만 원의 보험금을 타기 위해 스스로 철도에 자신의 발을 묶고 발목 절단이라는 자작극을 벌인 것이다.

한편 '모든 사람에게 미안하다'는 유서 한 장만 달랑 남겨두고 가족과 함께 자살한 중소기업 사장, 회사 부도로 고민하던 30대 가장이 도피생활 끝에 최근 자살한 아버지의 묘소

근처에서 또다시 일가족 3명과 함께 동반 자살하는 사건도 발생했다.

연천군 청산면 백의 1리 159번지 이 모 씨 소유의 비닐하우스 안에서 최 모 씨는 일곱 살짜리 그의 아들 재원 군과 다섯 살짜리 딸 진희 양에게 먼저 극약을 먹여 숨지게 한 뒤, 아내 정 모 씨와 함께 비닐하우스 중앙 철근에 철사로 목을 맨 것이다.

비닐하우스에서 약 40미터 떨어진 최 씨의 부친 묘소에서 "세상 모든 사람에게 미안하다. 아버지를 따라 삶의 미련을 버리겠다."는 내용의 유서를 남겨 놓고 일가족과 함께 동반 자살하는 비극이 벌어지고 말았다.

모두가 무정하고 비정한 사회의 현실이었다. 삶과 죽음의 차이, 자연 전체로 보면 아무것도 아니었지만 현실은 어마어마한 괴리를 나타내고 있는 인간의 가치관이었다.

여기서 우리는 무엇을 찾을까? 아니, 무엇을 찾는다기보다는 〈물고기 남자〉처럼 오히려 살아 있다는 것 자체가 죄스러운 것이 아닐까.

    우리 사회의 문제 원인을 우리 내부에 있다고 판단하는 이영복, 그는 이 인정머리 없고 방자한 자본주의의 현실을 단호히 거절하고 절규했다. 그리고 그가 절규하던 그 가장자리에서 죽은 자들을 위해 산 자들이 쏟아내는 독백이 있었다. 그것은 "나는 나의 정체를 모른다."였다.

    아, 애초에 인간으로 태어난 게 잘못이었다. 제대로 구실도 하지 못하는 생명들은 왜 태어났는가? 인간으로 태어난 죄? 누구나 죄가 많다. 그러나 자본가는 더욱 죄가 많다. 담장이나 대문 따위를 만들어 놓고 자유로운 인간의 출입을 막는다. 거기다가 덧칠한 논리로 거드름을 피우니까 더욱 죄가 많은 거다.
    그러나 하느님도 죄가 많아. 종교의식을 베풀 때마다 모두에게 감사하라고 해 놓고서는 엉터리 같은 사유재산주의와 자본주의자들과 함께하라니?
    하느님의 논리엔 무엇이 진실인지 모르겠다. 인간의 혁명에 실패한 하느님, 현세에 불을 붙이지 못하고 저세상에 불을 붙였다. 평화는 지구상엔 없고 죽음 뒤에 있다고 한다.
    아, 아, 이런 모순을…… 진작에 깨닫지 못한 이러한 모순을…….

32
혁명은 변두리 시골 빵집에서 시작된다

죽음, 분노, 비루한 목숨. 그리고 복수……. 하느님이 허락하실까?

"……."

이러한 번민엔 감당할 수가 없으나 하느님을 따라 죽기엔 아직 용기가 없다.

그러나 기억하라. 죽음을 번민하는 눈물이 흐를 때, 나도 인간의 이기심으로 혁명을 하는 것이다. 남들은 모르겠지만 지금 우주는 작은 나의 가슴에 이미 혁명을 일으키고 있었다. 내가 만약 여기서 고민과 불면의 늪을 헤맬 때, 또 다른 이상주의자는 나와 같이 신을 저주할지도 모른다. 괴로운 생명, 역시 혁명주의자로, 예수와 석가가 실패한 현세에 재림, 혁명주의자로 나서는 것이다.

인간의 세상에 구세주로 나섰던 그들이 행복과 평화는 지구상에는 없다고 하고, 시장원리주의에 의한 개체들 간의 생존 경쟁만을 부추기다니? 그러나 산 자들이여, 생존 경쟁에 지친 그들이 오히려 죽어서 평화롭지 아니한가? 살아도 산 것 같지 않은 죽은 목숨, 행복과 평화의 조건들이 설명되지 않는 현세, 죽은 자들은 이제 살아야겠다고 한다.

그리고 산 자들의 이해할 수 없는 모순……. 그 모순을 안고 정열처럼 타는 욕망으로 정치를 해야겠다고 한다.
오직 그것만이 남은 분노를 삭일 수가 있을 거라고. 그
리고 모순덩어리의 현세를 제대로 관리하지 못한 정치
권을 확 뒤집어야 제명에 살 것만 같다고 한다.

그래서 산 자와 죽은 자들이여, 우리 모두 본질로 돌아
가자. 지천으로 핀 우리 사회의 비정을 보고 때로는 더
러운 정책의 희생물로 죽이면 또 죽고, 죽이면 또 죽고,
우리 모두 가진 것 없이 태어났으니 산 것과 죽은 것에
의미를 부여하지 말자.

있어도 좋고 없어도 좋을 까닭 모를 이유와 분노를 삭이
면서 내면의 세계에서 다시 한 번 눈을 감자. 불면의 역
사, 그리고 더 이상 하느님을 찾지 말자. 없었던 신도
부르지 말자. 그러는 너와 나의 세계, 산 자와 죽은 자
의 세계, 그 속을 섭렵하고 있는 나도 애초부터 없었던
것이다.

그래도 자본주의의 피폐를 보고 나면 우리의 정치는 그
한 단면에 불과하였지만, 세상은 모두가 이기심으로 가
득 차 있었던 세계, 그 속에 살고 있는 나는 아직 나의
내면을 모른다. 정복되지 않은 높은 성벽의 그것처럼
번민과 고통의 희생을 치르고서도 다 같이 사는 공존의
법칙을 모르듯이, 나는 아직 나의 정확한 정체를 모르

고 산다.

더구나 고집스럽게 죽은 자들이 버리고 간 자본주의 사회를 저주하면서도 그와 닮아 가는 나는 진정 나의 정체를 모른다.

『새벽 일찍 가게 문을 들어서면 언제나 그랬듯이 빵들은
긴장을 한다. 오늘은 어떤 빵을 만들까. 짙은 커피 향을
맡으면서 재료가 적힌 책자를 들여다보고 있노라면 빵
들은 저마다 목을 내밀고 자기를 뽑아 달라고 아우성들
이다. 역시 자본주의 사회처럼 '나만 있고 너는 없다.'는
논리였다. 그래서 괴롭다. 오늘은 어떤 빵을 만들 것인
가에 대한 선택, 그것도 고통과 고민 속에서 시작된다.』

자본주의 사회에서는
나만 있고 너는 없다

어디로? 어디로 가야 하나?

한 움큼의 신문을 들고 의혹의 화살을 던진 환자, 환자라기보다는 '약자'였다. 번민과 고통으로 마음의 채찍을 맞고 있는 '왜소한 자'였다.

20세기 말엽에 남은 마지막 약자, 정치적 혼란 속에서도 과학의 발달로 인하여 물질적 풍요를 가져온 20세기, 그 20세기의 종점에서 '나'만을 존재의 축에 넣고 그 나머지는 찾지를 못했다.

그리고 황급히 쫓겨나온 이궤산 박사, 아직도 인간의 땅을 딛고 있는 것이 황망한 것 같기도 하였으나 이 지구의 끝에 있는 '정거장'에서 무엇인가 기다리고 있다는 것이 더 이상하기도 하였다.

자연은 나름대로 모두가 목적이 있었고, 인간의 이기심 또한 모두가 생긴 대로 살고 있었다. 정거장에서는 가고 오는 버스를 누구나 기다리다가 타고 가는 곳이지만 '나'만 특별한 것인 줄로 착각한 이궤산 박사는 바보 같은 느낌이 들었던 것이다.

목적대로 사는 이기심, 목적대로 가는 자본주의, 목적대로 극단의 시대로 향하는 지구. 그런데 모두가 뚜렷한 목적이 있었지만 이궤산 박사에게는 지금 목적이 없었다. 그래서 20세기의 종말, 지구의 종말에서 오히려 이궤산 박사는 쫓겨나고 있었다. 그러나 버스는 황급히 달려 나간다. 아파트가 보이고, 시내 중심가의 자본주의 사회로 나가고 있었다. 이기심이 와글거리는 시내 공중전화 박스에서 이궤산 박사는 대작이라도 하기에 알맞은 친구 한 놈을 불러내야 했다.

뜨르륵, 뜨르륵, 삐, 삐, 통화 중이었다.

다시 남은 동전을 넣고 숫자판을 두드린다.

"여보세요? ○○세무서 부과세과입니다. 김달중 과장님이요? 아, 예, 오늘 출장을 가셨는데요. 아마 월요일쯤 되어야 오실 텐데요."

"제기랄."

상냥한 아가씨의 목소리였지만 그놈이 없다는 데에 괜히 울화가 치민다. 하필이면 오늘 출장을 갈 게 뭐람. 괜스레 씨근

덕거리면서 다시 전화를 해 본다. 출장 간 놈을 불러낼 수도 없었으나 여기까지 온 김에 통화라도 한 번 해 볼 겸 다시 전화를 했다.

그런데 그 놈은 전화벨이 울리자마자

"야, 궤산아, 너 잘 왔다. 지금 자네가 경주로 와라. 지금 오늘 일은 마쳤는데 갈 데가 없다. 내일과 모레는 일을 봐야 하는데 지금은 시간이 있으니 자네가 경주로 와라."

하면서 반색을 한다.

"갈 데가 없다"는 데에 이궤산 박사는 귀가 번쩍하였다. 그 놈도 갈 데가 없단다. 우리 모두 갈 데가 없었던 것이다. 팔자좋은 놈끼리 갈 데가 없으면 어디로 가야 하나?

"나는 내가 아닌 나 모르는 것"을 견디지 못한다. 그만큼 성격이 까다로운 놈이었으나 오늘은 왠지 나도 나의 정체를 파악하지 못했다. 그래서 목적도 없이 가야 했다. 갈 데가 없으니 가야 했다.

세무서에서 근무한 지 벌써 20년, 그 잘난 맛에 남들은 다 '퇴출이다.', '정리해고다.' 하는 판에 그래도 잘리지 않고 버텨내는 친구였다. 언제나 성실했고 노력하는 형, 초등학교 친구였지만 고등학교를 졸업하고 군대를 갔다 오더니 바로 세무 공무원을 시작하여 오늘에 왔고, 느지막하게 방송통신대학을 졸업한 김달중이라는 친구였다.

동부정류장에서 경주행 버스에 몸을 실었다.

중간쯤에 자리를 잡았으나 듬성듬성 앉아 있는 사람들은 모두 다 말이 없었다. 창밖을 내다보면서 차가 떠나기만을 기다리는 사람들, 미지의 세계로 가는 우주인 같이 그들은 지구에서 일어나는 많은 일들에 대해서 상념으로 가득 차 있는 것 같았다.

세기의 말 ! 인간의 짐을 싣고 소우주라고 하는 그 넓은 공간을 모두 섭렵해야 하는 지구인, 아프리카 대륙으로부터 중동의 모래사막에 이르기까지 인종과 민족, 종교 때문에 전쟁을 치르더니 이라크 혁명군과 팔레스타인의 독립, 유고슬로비아와 코소보 내전, 그리고 체르노빌의 원자로 사고에, 광주의 비명과 4·19의 의거, 모두 몇만의 목숨이 사라졌는가?

그래도 카리스마와 같은 계급전쟁은 아직도 북한의 체제와 밀로)셰비치와 같은 학살자의 흔적들은 남아 있는데……. 그 흔한 목숨과 바꾼 혼, 혼들의 무의미한 결론은 또 무엇인가.

그리고 개혁과 사정을 한다고? 무슨 근거로? 체제가 다르고 이념이 틀리다고? 아니면 수단과 방법이 틀렸다고? 너는 네가 하는 것만 옳고, 남이 하는 것은 너의 비위에 맞지 않으니 모두 틀리다는 논리는 어디에서 온 것인가? 그래서 사정을 해야 한다? 고향이 다르고 출신이 다르니 공존의 대상에서 지워 버려야 한다?

특히 나의 기준과 다른 그 어떤 정적과 역사도 나의 비위에 맞지 않으니 미안하지만 제거되어야 한다? 왜냐하면 내가 1인자이기 때문이다. 아니, 너를 제거함으로서 내가 돋보이기 때문이었다. 그리고 너 없는 내가 더욱 빛나기 위해서…….

그래. 더 이상의 평화는 없다. 따라서 우리 사회는 공동으로 사는 공존의 시대는 없었다. 죽기 아니면 살기였다. 그래서 이궤산 박사도 죽기 아니면 살기로 무언가 해야 해다. 지금은 갈 데가 없으니 간다마는 죽기 아니면 살기로 소우주인 자신을 정복해야 했다.

어느덧 버스는 경주 시외버스 정류장에 다다랐다. 많은 사람들이 목적대로 오고가고 있었으며, 큰 차에서 작은 차로 바꾸어 타고 있었다. 이미 어둑한 밤, 불빛의 그림자를 밟으며, 왁자지껄한 선술집을 돌아 네온사인의 거리에는 많은 사람들이 북적거리고 있었다.

이궤산 박사도 택시를 잡아타고 전화로 약속한 불국사 길목에 있는 '경주옥'으로 가자고 했다. 한옥으로 지은 제법 큰 집이었다. 이궤산 박사가 보기엔 조금은 고급 술집으로 보였다. 그리고 세무서 공무원의 수준으로는 과분한 것 같았다. 그러나 그놈은 특별히 서울서 내려오는 친구를 맞이하느라 오늘은 일부러 이 집을 택했다고 한다. 너무 부담 갖지 말고 우리끼리 조용하게 한잔하자고 했다.

구석진 방, 서너 평 될 듯한 안쪽 방에 우리는 자리를 잡았다. 경주의 토속안주에다가 매실이 담긴 매실주를 벌써 두어 병 비워냈다. 그리고 자본주의자와 닮은 녀석은 왁자지껄하면서 연신 말이 많았다. 어릴 때 같이 놀던 이야기와 오늘은 어째서 이렇게 오게 되었느냐 하는 등, 사회 문제와 외설스런 이야기, 거의 모르는 게 없을 정도로 계속해서 쏟아내고 있었다.

그러나 이궤산 박사는 죄 없는 술만 축내며 거의 그의 이야기를 듣는 편이었다. 그러다가 정치 이야기가 나왔다. 향후의 정치 구조가 어떻게 될 것인가? 순간 이궤산 박사는 배알부터 뒤틀려 옴을 느꼈다.

권력, 권력의 정점, 그것은 절대 분점할 수 없는 것이다. 다시 말해, 나누어 가질 수 없는 것이 권력의 속성이고 자본주의도 이와 비슷한 것이다. 우리 사회는 모두가 그것을 추구하고 있단 말이다.

그러자 자본주의자로 자처하는 녀석을 "너는 어떤 결벽증 같은 것을……."이라고 할 때, 술과 안주가 추가로 더 들어왔다. 그리고 묘령의 여자, 이 집에서 마담이라고 하는 30대 전후의 여자가 들어왔다. 늘씬한 키, 그런대로 빼어난 미모, 한복을 차려입고 곱게 절을 한다.

"강미애라고 합니다. 두 분은 무얼 그렇게 진지하게 다투고 있지요? 저도 끼워 주면 안 될까요?" 하면서 늘 하던 것처럼 손님들의 분위기를 맞추고 있었다. 그러자 친구 녀석이 말을 이었다.

"아, 글쎄 이 친구가 나보고 자꾸 자본주의자라고 하지 않나. 그래서 내가 너는 그러면 결벽증을 가진 이상주의자가 아니냐고 우겼지. 도대체 왜 그러는지 모르겠어. 내 돈 내고 내 방식대로 재미있게 살아 보자고 하는 세상인데 말이야. 그렇다고 누구처럼 도둑질을 하나, 사기를 치나. 나름대로 열심히 일해 먹고 사는 나를 자본주의자로 몰아붙이지 않나. 실은 자본주의자가 그렇게 싫은 것도 아니지만 말이야."

그러자 강미애라고 하는 젊은 마담은 대뜸, "그러면 저는 쾌락주의자이네요." 하면서 호호하고 웃는다. 하얀 이빨을 드러내면서 더욱 신비한 듯한 자세를 취한다. 나름대로 교양도 있고 끼도 있는 것 같았다. 그러자 이번에는 이상주의자로 몰린 이궤산 박사가 가득 채워진 술을 주욱 마시면서 천천히 입을 열었다.

우리 사회에서는 지금 1등 구조만 필요로 하고 있어. 2
등은 필요가 없네. 자네같이 성실하고 노력하는 2등 구
조로서는 앞으로 점점 더 살기 힘들어지는 세상이 올 것
이란 말일세. 그리고 그것은 자본주의 사회에서 내세우
는 인간의 이기심과 경쟁 심리를 촉발시키는 것이네.
그러한 것을 모두 수용하고 있는 게 오늘의 현실 사회이
며 그 와중에 엄청난 고통과 번민으로 괴로워하고 있는
사람도 있다는 것을 알아야 한다는 말일세. 지금 교육
도 그러한 차원에서 학교와 학교 간에 시장원리인 경쟁
심을 불어넣고 있으며, 그러한 것을 다 배우고 난 후의
세대에서는 분명 자네와 난 무능력의 표본으로 전락할
것이란 말일세.

그리고 시장의 원리란 무엇인가. 최고만 살아남는다는
우성의 법칙이 아닌가. 동물과 같이 물건 좋은 씨돼지
만 남고 다른 돼지들은 거세해 버리는 생산성에 근거한
이기가 아닌가 말일세. 나아가 공산주의 사회에서는 평
등을 부르짖다가 일거에 몰락했지만 그 몰락의 본질은
물질의 궁핍이 아니었던가.

여기까지 열변을 토하던 이궤산 박사는 다시 한 잔 술을 마신다. 그리고 섬유질과 같이 생긴 고기를 양념장에 찍어 삼키고는 다시 말을 잇는다.

그러나 자본주의 사회에서는 1인을 위한 정점을 향하다가 그 정점을 향해 수단과 방법을 가리지 않는 도덕과 윤리의 몰락이 올 것이란 말일세. 즉, 정신적 몰락으로 육신은 살아 있으나 이상이 없으니 살아도 산 것 같지가 않은 죽은 목숨일세. 다시 말해, 그것은 인간의 모습이 아니고 동물의 모습이란 말일세.

여기에 우리는 국가구조가 이러한 것을 잘 구조화해야 하는데, 지금 돌아가고 있는 국가나 정치구조는 모두가 이기심으로 가득 차 있지 않은가 하는 말일세. 기실 자네와 난 자본주의자도 아니고 이상주의자도 아닐세. 바꾸어 말하자면, 나는 지금 자본주의 사회에 살고 있으니까 자본주의를 가장 혐오하네. 그러나 내가 공산주의에 살고 있다면 나는 또 공산주의를 혐오할 것이네. 내가 괴로워하고 있는 것도 바로 이것이네. 어떻게 구조화할 것인가. 어떻게 해야 인간의 아름다운 모습으로 풍요한 물질을 만끽하며 살아갈 수 있는 평등과 평화, 복지주의가 넘칠 것인가 하는 것이네.

그래서 나는 나의 정체를 아직도 잘 모르겠네. 하느님
이 재림하실 때, 예수와 석가가 태어날 때, 인간을 구제
하러 왔다고는 하나 이미 이 지구상에는 평등과 평화는
없었네. 오직 죽음 뒤에 얻을 수 있다는 것이 그 구세주
들의 뜻이었네. 모두가 현세를 너무 믿고 살았지만 그
것은 희망뿐이었단 말일세.

"야! 이 친구야 무슨 논리가 그러나? 비싼 돈 주고 마시는데
술맛 떨어지게 무슨 청승맞은 소리냐. 지금 우린 말이야, 살아
있지 않은가 말이다. 여기 예쁜 강미애도 있고 말이야. 그놈의
이상주의는 잊어버려. 살아 있을 동안 잊어버리고 살잔 말이
다. 돼지같이 살면 어떠냐? 너는 너대로, 나는 나대로, 재미
있게 살다 가면 그것이 가장 자연스러운 것이 아니냐. 괜히 어
려운 말 쓰지 말고 자, 마시자. 그리고 노래도 부르고 놀잔 말
이다."

친구 녀석이 너스레 화제를 바꾼다. 그러나 청승맞은 논리
때문에 화제는 좀처럼 잘 바뀌지 않는다.

더욱이 나는 자본주의 혐오자였다. 그 속에서 살지 않으면
안 되는 것이 또한 현실이고 한계였다. 자본주의에서는 나만
있고, 너는 없다. 오직 나의 빛나는 존재를 위해서 너를 죽여
야 하고 그래야만 그것이 성립되는 것이다. 이러한 자본주의

피폐를 누가 해결해야 하는가. 그것은 정부의 몫이었고, 정치의 이상에서 찾아야 했다. 그리고 각종 지도자들이 나서야 했고, 교육에서도 가르쳐야 했다.

그러나 어떤가. 지금 이 사회는 오히려 정부도 자본주의 논리에 매여 있고, 정치도 자본주의자들로 가득하지 않은가. 특히 지역이기심으로 말이다. 또 교육은 어떤가. 시장성 원리인 경제제일주의와 생산성을 강조하는 1등 구조를 더욱 심화시키고 있지 아니한가.

이러한 논리에 자본주의를 자처한 친구 김달중은 그만 가야겠다고 한다. 이미 그는 술이 취했는지 약간은 혀 꼬부라진 소리를 하면서 내일에 대한 준비도 해야 하고 하면서 일어서려 했다.

그리고는 "야! 이상주의자, 너 갈 데 없으면 나와 같이 가든지 아니면 너대로 여기서 자든지 마음대로 해." 하고는 "재미없어!" 한다.

그렇다. 재미라고는 눈곱만큼도 없었다. 그저 논리라고 하는 궤변만 늘어놓는 이상주의였다. 자본주의자인 김달중은 이상주의자인 이궤산을 버려두고 저대로 가 버리고 말았다.

그렇게 자본주의자는 가 버리고 이상주의자 이궤산과 쾌락주의자 강미애, 두 사람만이 남았다. 이때 가만히 있던 쾌락주의자 강미애가 나섰다.

이상주의 박사님, 저도 한 잔 주세요. 왜 그렇게 무정하시나요. 원래 이상주의는 그런가요. 너무 딱딱하지 않나요? 사람 사는 데 양념이 있어야지요. 재미도 있고, 유머도 있고, 익살도 있으면서 이상을 찾으면 아니 되나요?

자기 자신을 못 찾는 것은 바로 그러한 의미를 잊어버린 것과 같아요. 즉, 맛있는 음식을 하는데 간을 맞추는 것과 양념을 적당히 바르는 것을 빼 버리면 맛이 없는 것이죠. 제가 보기에 박사님은 너무 완벽하려고 해요.

그리고 우린 매일매일 돈을 벌기 위해 이렇게 살고 있으니까 자본주의자에 가깝죠. 또 먹고, 마시고, 부르며, 흥겹게 놀다 가니까 동시에 쾌락주의자이죠. 그런데 솔직히 한 번씩은 벗어나고 싶어요. 우리에게는 '나'라는 것이 없어요. 항상 너를 위해서, 아니면 당신을 위해서 나를 바쳤죠. 나를 바쳤지만 결과는 너와 나 모두가 허무하더군요. 너에게 바친 나는 간혹 비애를 느꼈고, 나로 인해 찬란한 너는 희열과 만족을 느꼈지만 꿈이 없고 이상이 없더군요. 오직 물건과 같아서요. 즉, 모두가 사랑이 없던 것이지요.

그래서 간혹 나도 나의 인생을 찾고 싶은 거죠. 사랑도 하고 싶고, 문학도 하고 싶고, 그러다가 조용하고 아늑한 곳에 가서 커피도 마시고 싶고, 해외로 여행도 가고 싶죠. 또 어떤 경우에는 아프리카에 가서 살고 싶기도 하죠. 그을리기도 하고 아직 문명을 모르는 그들에게 봉사도 하며 인간적인 의미의 뜻을 심어 보고 싶기도 하죠.

여기까지 쾌락주의자 강미애가 말하고 있을 때, 이상주의자인 이궤산 박사는 정신이 나른해져 가고 있었다. 그녀의 목소리가 아름다운 선율처럼 들려오기도 하였으며, 어떤 호소를 지니고 있는 것 같기도 하고, 조화의 논리를 가지고 있는 것 같기도 했다.

그러자 쾌락주의자 강미애는 벌떡 일어나 "아니, 박사님 피곤하세요? 그러면 가서 주무셔야겠네요. 제가 안내해 드릴게요. 여기 가까운 모텔이 있어요." 하고는 이궤산 박사를 끌어안았다.

그녀의 향기였다. 그 향기는 이궤산 박사를 더 취하게 하는 것 같았지만 한편으로는 편안한 여성, 아니 모성의 안락함을 느낄 수 있었다. 그래서 이궤산 박사는 떠밀리다 시피 하여 그녀가 이끄는 대로 차를 타고 어느 모텔로 들어갔던 것이다.

안내하는 사람을 따라 2층 방으로 들어왔고, 둘이만 남게 되었다. 이궤산 박사는 그녀가 입구에서 계산까지 하는 것을 보고 "미안하다"고 했다. 그러나 그녀는 "박사님 그런 말씀 하지 마세요. 오늘은 저도 여기서 자고 갈 거예요."라고 아주 명확하게 말하는 것이었다. 어리둥절해진 이궤산 박사는 무슨 이야기를 해야 할지 몰랐다. 그저 그녀가 시키는 대로 따라할 수밖에 없는 바보가 되어 버린 느낌이었다.

그리고 그녀는 "박사님은 이상주의자이니까 모르는 게 너무 많아요. 저 같은 쾌락주의자가 바라는 것이 무언지 아세요? 겉으로 보기에는 돈밖에 모르고 계산도 없이 마구 사는 것 같지만 마음속으로는 그래도 한 번쯤씩 꿈을 꾸어 보거든요. 혹 박사님 같은 아름다운 생각을 가지고 있는 사람을 만나 사랑을 할 수 있을까 하는 꿈을 꾸고 싶은 거죠. 그리고 아무도 모르게 우리들의 죽은 생명 깊은 곳에 묻어 두었던 형용할 수 없던 그 무엇을 끄집어내어 인간으로서 다시 태어나고 싶었던 것이지요. 어쨌든 박사님을 만나는 것 자체가 매우 즐거운 것 같아요."

"박사님은 그렇지 않나요?" 하면서 그녀는 겉옷을 벗기 시작했다.

멍청해진 이궤산 박사, 그는 그녀의 행동에 어쩔 줄을 몰라 멍하니 서 있을 수밖에 없었다. 그때 "아니, 박사님! 박사님은 빨리 씻지 않고 뭐하세요?" 하고는 하얀 니트 셔츠와 손바닥만 한 하늘색 팬티만으로 몸을 가린 채 다음엔 이궤산 박사의 겉옷을 벗기기 시작했다. 이궤산 박사는 그녀가 시키는 대로 따라 하지 않을 수 없었다.

그리고 그녀는 냄새나는 자본주의는 모두 씻어 버리라고 한다. 나아가 박사님은 소중한 것을 잊고 있다고 한다. 사람들은 때에 따라 물질적 만족과 정신적 만족 모두 필요한 것이라고 한다. 그러나 "그것을 어떻게 수용할 것인가. 어떻게 받아들일 것인가."라고 하면서 그것은 사랑이고 희생이라고 한다. 그리고 이궤산 박사의 턱밑까지 파고들면서 그의 마지막 와이셔츠 단추까지 끌러 버리고 말았다.

얼떨결에 다시 한 번 그녀의 모성애와 같은 향기를 마신 이궤산 박사는 그녀를 껴안지 않을 수 없었다. 그리고 그녀의 냄새, 오랫동안 잊고 있었던 이성의 냄새를 맡을 수 있었다. 따뜻한 정의 냄새, 취하고 말았다. 그리고 그녀의 등 뒤로 꼭 껴안은 팔에 힘을 주며 그녀의 이름을 불렀다.

"미애."

……

"박사님."

……

그녀의 입술이 이궤산 박사의 입술을 더듬었다. 짜릿한 전

율과 함께 밀려들어오는 그녀의 혀끝이 달콤했다. 그리고 밤이 깊어지면서 점점 더 깊은 잠에 빠져들고 말았다.

이튿날 아침.

그녀는 없었다. 이미 그녀는 깨끗하게 자기의 짐을 정리하고 가 버리고 없었던 것이다. 이궤산 박사는 그저 황당할 뿐이었다. 꿈을 꾸고 있지 않나 하고 일어나 움직여 보기 시작했다. 그러나 그것은 꿈이 아니었다. 그녀는 우렁이 아가씨처럼 이궤산 박사에게 오히려 마음의 짐만 지워 주고 화장대 위에 작은 쪽지만 남긴 채 가 버리고 없었다.

"박사님, 감사했어요. 오래간만에 박사님을 통하여 저의 자신을 되돌아본 것 같아요. 항상 우리는 나를 주었지만 그것은 존재하지 않은 것이었어요. 그러나 나를 통해서 우리라는 개념을 알고 이 지구상에는 그래도 공존의 의미를 깨우쳐 준 것이 박사님의 말씀이었죠. 진심으로 우리 모든 사람들에게 귀중한 것을 깨닫게 해 준 것이에요. 그래서 박사님을 만나는 것부터 의미가 있는 거예요. 오히려 나를 희생함으로써 나의 존재를 깨우친 것 같아요. 아마 저의 가슴에 오래도록 남는 존재, 그것을 보았어요. 감사해요."

이궤산 박사는 침대에서 몇 번을 더 뒹굴다가 정오가 다 되어 가는 시간에 그곳을 빠져나왔다. 그리고 자본주의 녀석한 테 전화를 걸어 이제 간다는 인사를 했다. 언제나 용무 외에는 잘 모르는 녀석인지라 그의 인사는 꽤 사무적인 투다. "역시 자본가답군." 하면서 이궤산 박사는 짐을 챙겼다.

바깥으로 나오니 이궤산 박사는 갈 데가 없었다. 허전하였다. 강미애라는 쾌락주의자라도 있으면 말벗이라도 될 텐데, 하면서 허전한 발길을 돌렸다. 그리고 차가 다니는 도로 입구까지 나왔다.

젠장, 어제도 갈 데가 없더니 오늘도 갈 데가 없군. 혼자 중얼거리는 소리에 무작정 오는 택시를 잡아타고 바닷가로 가자고 했다. 제일 가까운 곳이 감포, 불국사를 지나 문무대왕 수중릉이 있는 감포였다.

시원한 바닷가, 일요일 오후인지라 꽤 많은 사람들이 왔다. 자가용이 줄을 이었고, 연인들이 손을 잡고 모두들 바다로 나왔다. 계절풍 같은 바닷바람을 맞으면서 이궤산 박사도 바닷가 가장 가까운 곳에 내렸다. 그리고 무작정 걷기 시작했다.

파도 소리를 들으며 또 조그만 가게에 들러 신문지와 잡지도 하나 샀다. 태양이 있고 햇볕이 있었고 바다가 있었다. 바람이 불고 있었으며 끝없는 모래사장, 그 끝에는 바위가 있었고 그 틈을 이용하여 낚시꾼이 있었다.

오가는 사람들마다 낚시꾼의 어망을 모두 한 번씩 들여다보고 간다. 자기와 닮은 고기가 있나 싶어서였다. 아니면 싱싱한 지느러미를 단, 그 눈빛 속에서 찬란한 자신들의 존재라도 남아 있나 싶어서 낚시꾼의 빈 어망을 들여다보고 간다. 많은 사람들이 들여다본 것처럼 이궤산 박사도 빈 어망을 한번 들여다보았다.

푸른 물줄기 속에 고기는 없고, 많은 사람들이 들여다보고 간 흔적, 그 흔한 흔적 속에 찌꺼기와 같은 자신의 허전한 모습만이 보였다. 또 잡동사니 같은 인간의 이기심만이 물줄기를 가르고 있었으며 이궤산 박사의 존재는 가장 미미한 것으로 만들어 가고 있었다. 그리고는 그 허전함을 달래려고 이궤산 박사는 낚시꾼과 가장 가까운 언덕배기로 올라갔다.

언덕에 올라서자 넓은 시야가 들어왔다. 궤변의 논리처럼 바다는 끝이 보이지 않는다. 수평선도 마찬가지이다. 거기서부터 해가 뜨고 고깃배가 올라온다. 이궤산 박사의 가슴 깊은 곳에서도 출어를 서두르는 고깃배가 일기 시작한다. 풍어의 노래를 부르며 인간의 이기심을 잠재운 것이다. 가게에서 산 신문지를 펴들었다. '시가 있는 아침'이라는 지면 한 귀퉁이의 시구가 눈에 들어왔다.

꽃다지꽃 노랗습니다
산수유 개나리
낮은 민들레꽃 노랗습니다
지친 아내 얼굴도 노랗습니다
일 끊겨 넉 달
오늘도 새벽 로터리 허탕치고 돌아서는
노가다 이십 년
내 인생도 노랗습니다
말짱 황입니다.

김해화의 「노란 봄」이었다.

『빵을 굽다가 한 권의 책을 읽었다. 일본의 사회, 노동 운동가로 널리 알려진 가가와 도요히코가 지은 『사선을 넘어서』라는 책이다. 그는 가가와 간디로 불리고 있었으며, 우리가 왜 존재해야 하는가에 대한 명쾌하고 경이로운 답을 하고 있었다. 즉, 우리들의 존재를 일깨워 주고 있는 책. 이 단원의 빵 이름에는 "나에겐 내가 없다"란 이름을 붙인다.』

경이로운 존재
'나에겐 내가 없다'

죽음을 생각해 보았다. 자살은 어떻게 할 수 있을까. 그래서 어떤 때는 길 위에 자기의 몸을 던져도 보았다. 그러나 그것으로 죽지는 않을 것 같았다. 자동차를 보거나 절벽과 같은 높은 곳을 쳐다보면서, 그리고 약국 앞으로 지나치면서 항상 죽음을 생각했다. 되도록이면 몸을 학대하려고 했다.

그러나 막상 죽음을 결심하고 나면 삶에 지친 그의 눈에는 오히려 존재의 경이가 들어오는 것이었다. 특히 거리를 거닐다가 쓰러져 엎드린 여자의 등에 업힌 아기의 얼굴을 볼 때, 자연의 경이를 더욱 느끼는 것이다. 그리고는 존재에 대한 경이와 죽음 사이를 방황하고 있었다.

나는 재(灰)다……. 세상은 화장터, 피와 살을 태우는 재, 이글거리는 화장터 안의 타고 남은 재, 죽음의 권위에 모반하지 않을 수 없는 재, 썩어 빠진 손으로 이글거리는 불길을 끄집어내어 그래도 타다 남은 재를 뿌려 본다. 그리고는 내가 있었던 자리는 영원히 잃어버린다.

상실한 나의 자리? 나는 어디로? 어디론가 사라져 간다. 어디론가에……. 그리고 그로부터 다시 꿈이 시작되는 것이다.

사회가 뭐란 말인가? 국가가 뭐란 말인가? 그리고 문명이, 자본주의가 뭐란 말인가? 아버지는 무엇이고, 애인은 무엇이고, 신은 무엇인가 말이다? 가치는 무엇이고 아름다움은 무엇이냐? 그것은 모두 허무가 아닌가!

떨어지는 거다. 떨어져, 모두 죽음과 더불어, 지구의 파멸과 더불어, 자아의 소멸과 더불어 사라져 가는 것이 아닌가! 야심과 오해와 미신과 허위와 인습 위에 올려놓은 모든 사회 구조는 자아의 파멸과 더불어 산산이 부서져 날아가 버리는 것이 아닌가!

요컨대 인생이란 이 허무 위에 핀 꽃을 희롱하고 있는 것이다. 아아, 허무의 허무여, 마이너스의 마이너스여,

나는 그 위에서 계속 살아야만 하는가?

아니, 아니다. 질질 끌려가자.

존재여, 맹목적인 안내자여. 빨리 우주의 끝으로 와 다오! 나는 거기서 뛰어내려 죽음의 세계, 다시 저편의 세계로 뛰어넘고 싶은 것이다.

이런 번민을 되풀이하며 자기의 무능과 무기력을 비판한 가가와 도요히코, 그는 끝끝내 고베의 동쪽 끝 변두리에 있는 아시아이 니카와 빈민굴로 들어가고 만다. 그리고는 종교운동가로, 선교자로, 노동운동가로 탈바꿈한 그는 인간의 극한을 맛보며 스스로를 봉사와 희생의 제물로 삼는다. 따라서 평화운동에 헌신한 그를 미국에서조차 '가가와 간디'라고 부르며 그의 존재를 인정했던 것이다.

그리고 그는 말한다. 생명에 가치가 없다는 것을 알고는 있지만, 왠지 죽음보다 무서운 것은 아직도 살아 있다는 존재의 법칙이었다고 한다. 그는 인생에 있어서도 지쳐 있었다. 그래서 만약에 모든 것이 허무하게 사라질 수 있다면 지금 당장이라도 레일 위에 누워서 열차에 치여 죽어도 좋다고 한다. 그러나 유령과 같은 생활이 전부 사라질 것 같지 않아서 허무의 세상에 존재하는 것이라고 한다.

그리고 그는 그의 인생을 향해 더 많은 질문을 던져 본다.

잘못된 세상에 망가진 기계처럼 비어진 가슴에는 또 무엇을 채운단 말인가. 나를 구해 주겠다는 어느 한 사람의 구원자도 나타나지 않는 세상에 아무리 기도를 해도 신의 손길은 느낄 수 없다고 한다. 그리고는 갈망한다.

아! 존재의, 존재여……. 그러면 신의 손길보다 더 아름다운 것은 여자인가. 그러나 여자는 신의 존재보다 더욱 미미한 것이었다.

그러면 돈인가? 돈……. 아아, 더러운 돈, 돈의 목적이 나의 존재인가? 틀렸어. 나는 이제 틀렸어. 괴로운 인생, 재미없는 세상, 가가와 도요히코는 더욱 괴로워지는 운명으로 『파우스트』의 제2편 제1막에 있는 황제의 말을 떠올린다.

Es fehlt and Geld, nun gut, Do Schoff es denn.

돈이 필요한 거다. 그것으로 족하다.
지금 그것을 달라!

돈에 찌들려 가는 그의 거무스름한 모습을 보았을 때, 말로서는 형언할 수 없는 어떤 비참한 감정이 가슴에 닿아 있었다. 그리고는 그의 몸을 더욱 학대하면서 여기저기에 흩어져 있는 그의 혼잡한 마음을 정리해 본다.

결국 그는 인간으로서 살아 있어야만 할 이유를 발견할 수 없음을 깨달았다. 마치 귀신에 홀린 듯이 매일매일 멍청한 상태로 방 안에 틀어박혀 울며 스스로의 괴로운 자학이 시작된 것이었다. 나아가 울다 지쳐 쓰러진 자기 몸이 퉁퉁 부어오르는 것을 느꼈고, 손과 발이 터무니없이 커다랗게 부푸는 것과 같은 시련도 겪는다.

　그와 반면에 뇌와 가슴은 점점 더 쪼그라드는 것 같음을 느끼면서, 마침내는 문둥병 환자처럼 몸에 푸슬푸슬 무엇이 돋아날 것이란 생각이 들기도 한다. 호흡이 괴롭고 혓바닥에는 무수한 혓바늘이 돋았다. 나아가 일각이라도 좋으니 호흡을 멎게 하고 싶다고 한다. 실컷 통곡을 하고 싶었고, 신경질적으로 발작하듯이 한없이 울고 싶다고도 한다.

　가가와 도요히코는 이러한 번민을 되풀이하면서 한 달가량을 보낸다. 결론은 여자도, 태양도, 책도, 돈도 그를 위로해주지 못함을 알았지만 그의 무기력과 무능에는 이상도 없고 정열이 떨어졌음을 느낀 것이다.

　그렇다고 번민의 괴로움이 멈춘 것은 아니었다. 열이 나고 두통으로 지끈거리는 존재의 목적에 대한 의혹은 그래도 달려가는 열차의 무서운 속도처럼 좀처럼 멈추지를 않는 것이었다. 그리고는 졸음이 왔다. 인생의 졸음이 온 것이다. 많은 사람이 모여들고, 죽음의 문턱을 넘으리라고 느껴지는 그 순간, 그는 다시 한 번 의혹의 질문을 던져 보았다.

괴로운 생명, 지쳐 가는 인생, 정신은 무엇이고 육체는 무엇인가. 삶의 궁극적 목적은 무엇이고, 나의 죽음은 무엇을 원하고 있었는가. 그리고 이런 실재와 생명에 대한 경이, 그것들과의 상관관계는 무엇인가.

혼란과 이 괴로움, 그 혼돈의 경지에서 가가와 도요히코는 마침내 최후의 결론을 얻는다. 존재에 대한 마지막 승부수를 띄운 것이다. 즉, 그는 모든 것을 긍정할 결심을 했다.

모든 긍정……. 그렇다. 생명과 그 시간 위에 흐르는 모든 표현을 긍정하기로 했다. 그는 절망의 구렁에서 경이의 세계로 소생했다. 그는 실재의 세계에 죽음의 힘으로써 강하게 살아갈 결심을 했다. 모든 것이 경이인 것이다. 죽음도, 자신도, 땅도, 돌도, 모래도, 밥도, 여자도, 돈도, 그리고 추구하고 있는 허무 그 자체조차도 경이인 것이다. 색채도, 광선도, 윤곽도, 장미꽃도, 젊은 여자의 입술에 넘쳐흐르는 그 빨간 빛도 모두 경이다. 검은 피도, 죄도, 더러운 마음도 경이이다.

그는 모든 것을 긍정했다. 그는 강하게 살려고 마음먹었다.

그리하여 시간 위로 뛰어올라 용감하게 앞으로 돌진하려고 했다. 그러기 위해서는 모든 실재를 허용하고, 신과 그것이 표징하는 모든 것을 허용하려 했다. 자살하는 용기로 모든 것에 부딪쳐 나가자고 결심했다. 이렇게 결심한 그는 차차 번민과 고통의 바다에 빠지는 게 아니라 이제부터는 경이의 세계에 투신하여 빠져 죽는 거라고 스스로에게 선언한 것이다.

그리하여 그는 그해 3월 첫째 토요일 밤, 비로소 혼자 고베의 동쪽 끝 변두리에 있는 아시아이 니키와의 빈민굴로 들어간 것이다. 일본 빈민굴 중에서도 여기처럼 심하게 더러운 것은 없으리라고 생각했던 곳, 곤조패들이 있었고, 구걸과 병마로 시달리고 있는 인간의 모든 추잡한 것들이 다 모여 있던 곳, 그곳에서 그는 자기 자신의 육체에 대한 희생과 봉사의 삶을 살기로 한 것이었다.

그리고 그는 이렇게 답한다. 인생에 있어 진정한 의미의 존재는 내 것이 아니라 나의 모든 것을 바치는 것이라고, 나를 중심축에 넣는 것이 아니라 나를 너에게 주는 것이라고, 다시 말해 진정한 의미의 존재는 나에겐 '내가 없다.'라는 것이라고.

2.
자본주의여,
다음 목표는 무엇인가?

『빵들에게 물었다. "너희들의 다음 목표는 무엇이냐?" 고. 그러자 빵들이 대답했다. "우리는 그냥 빵으로 지내는 것"이라고. 그래서 또 물었다. "빵으로 지내는 것 다음엔 무엇이냐?"고. 그러자 빵들이 일제히 합창을 했다. "빵은 빵일 뿐이다. 빵 이상의 것도 아니고 빵 이하의 것도 아니다. 우리는 인간에 의해 빵으로 태어나 빵으로 살고, 그리고 빵으로 마감할 뿐이다. 인간도 마찬가지이다. 창조주 하느님에 의해 인간으로 태어나 인간으로 살고 인간으로 마감할 뿐이다. 그리고 자본주의도 이와 같은 원리이다."라고. 그래서 나는 할 말을 잃었다. 빵들의 깊고 무거운 철학에 내가 매우 작아지는 느낌마저 들었다. 그래도 아직 끝나지 않는 물음, "자본주의여, 다음 목표는 무엇인가?"에 대한 의혹은 풀리지 않는다.』

자본주의여,
다음 목표는 무엇인가?

아직 끝나지 않은 물음, 너는 누구이고 무엇인가? 그리고 무엇을 추구하며 어떻게 살아야 하는가?

'……'

그렇다. 오늘날 우리는 그 무엇에 대한 물음을 새삼스럽게 물어보지 않을 수 없다. 즉, '우리가 무엇을 원하고 있느냐?'고 하는 물음, 그리고 '너와 나, 우리 모두 존재의 목적이 무엇인가?', 또 '인간의 형체 속에 숨어 있는 진실의 정체는 무엇인가? 어떤 모습인가?' 나아가 '어떻게 구원을 얻을 것인가?' 하는 인간의 영원들, 그 영원들을 자본주의 사회에서 물어보는 것이다.

인간의 역사가 시작되면서 전쟁과 평화는 동시에 잉태되었다. 창조와 파괴는 항상 공존해 왔으며, 이상과 실제는 조화의 바탕 위에서 뜻을 이루기도 했다. 그리고 진보와 보수, 우파와 좌파, 그들 나름대로 부르짖는 각자의 가치가 있었고, 그것은 인간의 영원이기도 했다.

『전쟁의 연구』를 펴낸 Q라이트(Qincy W.Right)에 의하면 "전쟁을 방지하기 위해서는 전쟁을 규명하고 해명해야 한다."라고 했다. 즉, 하나의 전쟁 현상을 규명하고 분석하여 평화의 구축에 도움을 준다는 것이다. 나아가 동양에서는 은왕조가 발흥하고, 서양에서는 케네 문화가 꽃 피던 B.C.15세기 무렵부터 지금까지 약 3500년 동안 전쟁의 기록이 없었던 시기는 겨우 200년 정도였다고 하니, 가히 인간의 역사는 창조와 파괴의 주체였음에 틀림없다.

이러한 각자의 개체에 의한 정과 반의 정체는 그래도 인간이 추구하고자 하는 하나의 명분과 이상, 그리고 영원이 되었던 것이다. 가장 가까이는 제2차 세계대전 이후에 나타난 공산주의와 자본주의의 대결, 그것은 이데올로기에 의한 이념적 대결로서 정신과 물질의 대결이었던 것이다. 그런데도 불구하고 오늘날 우리는 공산주의가 몰락한 상황에서 이상은 없고 물질의 풍요만 추구하는 사회에서 인간의 다음 목표를 무엇으로 할 것인가를 두고 심각한 딜레마에 빠지지 않을 수가 없게 되었다.

쉽게 이야기해서 찰스 핸디가 쓴 『헝그리 정신』에 의하면 "공산주의는 하나의 대의(大義), 가난으로부터의 해방을 약속했으나 이를 이행할 메커니즘이 없었고, 자본주의는 그 메커니즘은 있으나 우리가 그 메커니즘의 노예가 아니라 주인이라는 대의가 없었다."고 했다. 즉, 대의만 주장하다 스스로 몰락한 공산주의에 비해 자본주의의 생산성과 경쟁력을 높이 평가하는 저자, 그러나 그는 다시 반문하고 있었다.

> 자본주의 덕분에 물질적 삶의 토대를 마련한 지금, 우리는 우리가 원하는 대로 할 수 있다. 다만 우리가 원하는 대로 할 수 있는 지금, 유일한 문제는 과연 우리가 무엇을 원하는가 하는 점이다.

즉, "풍요만 좇는 자본주의, 그다음 목표는 무엇인가"를 묻고 있는 것이다.

그리고 그는 "우리가 일궈낸 진보의 끝에서 우리는 한때 아담과 이브가 서 있었던 바로 그 자리에 다시 서 있다. 그리고 인생은 더 이상 먹고 일하고, 먹는 제자리걸음일 수 없다. 우리시대의 최대의 빈곤, 그것은 바로 영원의 결핍이다."고 했다.

한편 이러한 찰스 핸디의 주장에 비해 『유토피스틱스』를 출간한 월러스틴은 오히려 풍요를 누리는 자본주의에 대해 그 종말이 왔음을 예고하기도 한다. 즉, 그동안 자본주의를 지탱시켜 준 원인이 공산주의라 할 수 있는데 그 공산주의가 멸망하였으니 당연히 자본주의도 곧 종말을 맞이할 것이라는 설명이다.

다시 말해, 멸망한 공산주의는 그래도 자본주의의 폐단에 대한 냉각장치의 역할을 하였다는 것이 월러스틴의 주장이었고, 그는 이어 나타날 앞으로의 세계는 복잡의 세계, 과학이 지배하는 세계가 될 것이라고 예고하는 것이다.

여기서 우리는 다시 한 번 인간의 심성에 대해서 언급해 볼 필요가 있다. 즉, 인간에게는 두 가지 심성이 있는데, 하나는 인간이 무한히 발전하려고 하는 이기심이라는 것과 또 다른 하나는 그것을 자제하고 정화하려는 도덕적 심성을 들 수 있다. 그래서 이러한 상황을 종합해 보면 인간의 이기심을 적당히 이용한 것이 자본주의 사회이고, 그것을 자제하고 절제하려고 했던 것이 이상주의 사회가 아닌가 한다.

따라서 지금 찰스 핸디의 주장이나 월러스틴의 주장들은 궁극적인 관점에서 살펴보면 결론은 똑같은 논리가 될 수밖에 없다. 즉, 이상적 가치를 지녔던 공산주의, 그것이 사라진 지금의 자본주의는 인간의 이기심과 함께 물질적 풍요만 누리고 있다는 것이다. 다시 말해, 이러한 자본주의의 다음 세계를 다같이 염려하고 걱정을 한 셈인 것이었기 때문이다. 그래서 그러한 관점에서도 우리 모두의 과제 "풍요만 쫓는 자본주의 그

다음 목표는 무엇인가?" 하는 것이다.

어쨌든 이러한 환경과 이러한 제도 속에 살고 있는 우리 인간은 206개의 뼈와 약 1.3kg의 뇌를 가지고 있다. 그리고 "만물의 영장"이라고 하는 인간은 어떻게 보면 아주 보잘것없는 하나의 화학적 성분에 지나지 않지만, 그래도 이 지구상의 유일무이한 존재인 것만은 틀림없는 사실이다.

단, 우리가 찰스 핸디가 말한 것처럼 그러한 인생을 두고 더이상 먹고 일하고, 일하고 먹는 동물의 습성처럼 살 수는 없다. 맹목적인 자본주의, 물질의 풍요만 추구하는 자본주의, 그것은 살아도 산목숨이 아니기 때문이다.

따라서 이제 우리는 우리 스스로의 대의(大義)를 규정해야 할 때라고 생각하고 있으며, 나아가 충분히 커지면 더 커지려고 하는 자본주의 습성보다 더 좋아지거나 더 나은 공정성을 향해 나아가야 한다는 것이다. 즉, 가진 자와 가지지 못한 자, 지배계급과 피지배계급, 노동계급과 자본가계급, 그들이 가지고 있는 기존의 가치관으로부터 자본주의는 사회를 더 이상 빈익빈 부익부로 몰아붙이지 말아야 한다는 것이다.

앞에서도 언급했듯이 인간은 태어나면서부터 전쟁과 평화, 창조와 파괴를 동시에 가지고 태어남으로 하나의 결핍은 반드시 인간에게 또 다른 결핍과 파멸을 불러올 것임은 너무나 자명하기 때문이다.

『인간의 소유와 이기심은 발전과 생산의 동력이다. 바로 자본주의의 작동 원리라는 것이다. 따라서 소유와 이기심을 절제하여 공공선을 주장하고 있는 저 위대한 약속들, 그것은 모두 이율배반적 논리이며 결국 환상에 가깝다는 것이다. 더군다나 에리히 프롬의 논리에 따르자면, 인간에게 있어 소유와 이기심을 빼 버리면 바보와 같은 어린아이의 사회가 된다는 것이었다. 이에 나는 어쩔 수 없이 자본주의의 작동 원리에 따라 나의 빵들을 수단과 도구로 사용할 수밖에 없었다. 그래서 빵들에게 좀 미안한 생각이 든다.』

위대한 약속,
그것은 환상이었다

나는 이 단원에서 에리히 프롬의 『소유냐 삶이냐』에 나오는 "위대한 약속, 그 좌절과 새로운 선택"이란 내용을 다시 한 번 더 언급하지 않을 수가 없다.

왜냐하면 인류에 대한 그 어떤 이상적인 꿈과 희망, 즉 공산주의와 같은 환상은 이미 우리 인간의 세상에는 존재하지 않는다는 것을 제1부에서 언급한 바가 있지만 에리히 프롬의 "환상의 종말"에서도 유사한 개념으로 설명되고 있기 때문이다.

즉 "무한한 발전이라는 저 위대한 약속", 그것은 인간이 자연을 지배하고 물질적 풍요를 가져오면 많은 사람들에게 최대의 행복, 엄청난 자유를 가져올 것이라고 믿고 있었지만 그것은 환상이었다는 것이다.

다시 말해 산업사회 시대는 물론, 그 이전부터 분명히 우리 인간은 인류가 자연을 능동적으로 지배하면 인간의 육체적 고통으로부터 기계적 에너지와 핵에너지로 대체할 수 있었고, 인간의 두뇌 대신에 컴퓨터가 사용되면 무한한 생산과 무한한 소비에의 길로 나아갈 것이라고 생각하고 있었던 것이다.

그리고 그러한 기술이 우리 인간을 전능하게 만들었으며, 과학은 전지의 존재로, 나아가 신과 같이 새로운 세계를 창조할 수 있는 지고의 위치에 올라설 수 있을 것이라고 굳게 믿고 있었던 것이다.

그래서 일부의 사람들은 그러한 새로운 의미의 자유를 경험했으며, 또 그들은 인생의 주인공이 되기도 했던 것은 사실이다. 나아가 일부 사람들은 봉건적인 사슬을 끊으며 고통의 굴레에서 벗어나 자기가 원하는 것을 할 수 있게 되었다고 믿고 있었다.

특히 사회주의와 공산주의처럼 계급이 없는 사회에 대해서 누구든지 부와 안락을 달성하면 그 결과로서 무한정한 행복과 자유가 이상적인 사회로 넘쳐흐르는 인류의 지상낙원으로 기대하고 있었던 것이다.

즉 '진보'라고 하는 이상적 가치를 내세우는 종교와 정치가들이 새로운 에너지와 활력, 미래의 꿈과 희망이라는 슬로건을 내걸면서 그들을 신봉하는 신자들을 매수할 수 있었다는 것은 결코 놀라운 일이 아니었다.

그러나 어떤가? 저 위대한 그들의 약속, 그 약속들은 지금 어디에 있는가? 축적된 부와 넘쳐흐르는 향락, 인간을 만족시킬 수 있는 많은 것들은 지금 누구의 손에 있는가?

그리고 인생의 목적이 최대한의 행복과 최대한의 쾌락에 있다고 하자. 그러면 그 행복과 쾌락의 자유는 또 어디에서 얻어지는가? 다시 말해, 자연을 정복하고 파괴하며 그 본질을 훼손하고 지배하지 않는 한, 그리고 같은 인간의 존엄을 뺏고 갈취하며 다투고 울리지 않는 한, 그 행복과 쾌락이 어떻게 얻어질 수 있는가 하는 것이다.

그리고 인간의 자기중심주의, 그 이기심에 의해 살아가고 있는 한 특히 역사적으로 볼 때 어느 시대를 막론하고 일부의 부유층과 권력자들만이 완전한 쾌락을 누려 왔다는 사실을 전제로 한다면 이것은 명백해지는 환상의 사실이 아닌가? 다시 말해, 철저한 쾌락과 향락을 전제로 하는 그 어떤 인간의 행복도, 지상낙원도, 인간의 이기심이 존재하는 한 우리 모두의 행복과 넘쳐나는 공존의 자유는 결코 가져올 수 없다는 것이다.

따라서 우리 사회는 어쩌면 유별나게 불행한 사람들로 구성된 사회이다. 외롭고 불안하며, 억울하고 고통스러우며, 때로는 좌절과 함께 남에게 의지하는 사람들, 그리고 조그맣게라도 아끼고 애쓰며, 고독한 시간을 허송했을 때, 다른 한편에서는 오히려 그것을 보고 기뻐하는 사람들이 바로 우리들인 것처럼 인간은 매우 이기적인 존재였다는 것이다.

이러한 측면에서 에리히 프롬은 이렇게 정리하고 있다.

산업시대의 심리학적 전제, 즉 개인적 이기주의의 추구가 인류의 조화와 평화, 그리고 모든 인간의 복지 증대를 가져온다는 그러한 전제들이, 역시 이론적인 근거에서도 오류이며 또 그 오류는 관찰할 수 있는 자료에 의해 입증된다.

다시 말해, 이기주의자가 되는 것은 내 행동뿐만 아니라 성격에도 관련이 있다. 그것이 의미하는 바는 다음과 같은 것이다.

나는 모든 일이 내가 원하는 대로 되기를 바란다. 공유(共有)가 아니라 소유(所有)가 내게 쾌락을 준다. 내 목표가 소유라면 나는 더욱 많이 소유할수록 더욱 그 '존재'가 확실해짐으로 나는 탐욕스러워질 수밖에 없다. 나는 모든 다른 사람들, 즉 내가 속여야 할 고객과 없애야 할 경쟁자와 착취해야 할 노동자에 대해서 적의를 품어야 한다. 소망에는 끝이 없기 때문이다. 나는 결코 만족할 수 없으며 나보다 더 많이 소유한 사람을 시기해야 하며, 더 적게 가진 사람들을 두려워해야 한다. 그러나 나는 이 모든 감정을 억누르고 모든 사람들이 그렇게 위장하듯이 내 자신은 미소를 머금고 합리적이며 성실하고 친절한 인간임을 과시하지 않으면 안 된다.

그렇다. 소유를 향한 열정은 끝없는 계급투쟁을 유발한다. 공산주의자는 그들의 체제가 계급을 폐지함으로써 계급투쟁을 종식시킨다고 주장하고 있지만 그것은 허구에 불과하다. 왜냐하면 그들의 체제는 생활의 목적을 소비의 원리에 바탕을 두고 있기 때문이다. 모두가 더 많이 갖기를 바라는 한 계급은 형성되기 마련이고 그 투쟁은 끝이 없기 마련이다.

그리고 그는 또 말한다. 인간의 축복된 부를 가져다준다고 하는 경제체제의 발전은 이제 "무엇이 인간에게 이로우냐?"라는 질문에 의해 결정되지 않고, "무엇이 인간의 소유를 더 많이 가져다주느냐?" 하는 질문에 의해 결정되었다고 한다.

즉, 사람들은 이 두드러진 모순과 엄청난 사실을 은폐한 채, 인간에게 요구되는 자질 그 자체, 말하자면 자기중심주의, 이기주의, 그리고 탐욕과 끝없는 욕구 등으로 구성된 사회, 그 자체라는 것이다. 역설적으로 이야기하자면 자기중심주의와 이기주의, 그러한 것에 대한 욕망이 존재하지 않은 사회는 원시적인 사회로서 마치 어린아이들의 사회와 같은 바보의 사회라는 것이다.

그렇다. 에리히 프롬은 이와 같은 관점에서 우리 사회를 소유와 삶, 그리고 존재의식으로 그 하나하나를 언급해 가고 있었다.

나아가 그는 인간이 자기중심주의이고 이기적인 존재라는 것을 의식해 앞으로의 사회에 대한 우려의 측면도 곁들이고 있었다. 즉 "무한정한 소유로 인간 과학과 기술적 발전은 그 자체가 생태학적 위험과 핵전쟁의 위협을 낳았으며, 이 중 어느 하나가 혹은 이 둘이 합세하여 모든 문명, 그리고 어떤 경우에는 모든 생명의 종지부를 찍을지도 모른다."고 염려한 것이었다.

그래서 자본주의 사회에서 "위대한 약속, 그것은 환상이었다."라고 하는 명제는 "우리들의 많은 믿음이 종래에는 허구의 사실로 끝난다."는 것을 언급하고자 한 것이며, 하느님의 말씀도 따지고 보면 이 지구상의 논리가 아니라 저 세상에서 존재하는 교리였다는 것을 암시하고자 하는 것이다. 나아가 위대한 정치가들의 허황된 약속들도 모두가 정치적 야심과 그들의 이기심에 의한 환상이었다는 것을 전제하면, 이 지구상에

혁명은 변두리 시골 빵집에서 시작된다

남아 있는 모든 모순 등은 우리 모두 짊어지고 가야 할 업보가 아닌가 하는 것이다.

단, 이러한 관점에서 알베르트 슈바이처가 세계에 대해 호소한 내용, 즉 "인간의 양심을 불러일으켜야 된다."고 하는 다음의 내용은 매우 의미가 있는 것이라고 볼 수 있다.

> 과감히 현상에 직면하라. … 인간은 초인이 되었다. … 그러나 초인간적인 힘을 지닌 이 초인은 초인간적인 이성의 수준에까지 도달하지 못했다. 그의 힘이 커짐에 따라 점점 그는 허약한 인간이 된다. … 우리가 초인이 되면 될수록 자기 자신이 비인간적이 된다는 사실에 대해 우리는 양심을 불러일으켜야 한다.

『나는 빵을 구우면서 빵에게 생명을 불어넣지 못했다. 그리고 생각의 힘도 주지 못했고, 달콤한 사랑을 느낄 수 있는 감정도 주지 못했다. 반대로 나는 하느님에게 이 모든 것을 받았다. 그런데도 나는 하느님에게 불만이 많다. 왜냐하면 인간의 욕심은 끝이 없기 때문이다. 바로 이 끝이 없는 욕심, 그것까지 하느님은 나에게 주었기 때문이다. 결국 이 결과는 하느님이 잘못된 것인지, 내가 잘못된 것인지, 아니면 내가 구운 빵이 잘못된 것인지, 구분이 가지 않는다..』

지켜지지 않는
언약의 피

새로운 시작, 창조의 개념은 무엇인가. 긍정적이고 적극적인 사고, 거기서 인간의 이상형을 발견한다고 한다. 그러나 무에서 유를 창조하신 하느님, 하늘과 땅을 창조하시고 천산의 조각가인 양 보이는 것들마다 아름다움을 빚어내신 하느님, 마지막으로 당신과 닮은 인간에게 생명을 불어넣어 약속의 땅을 언약한 하느님, 당신에게 있어 진정한 창조의 개념은 무엇인가?

당신이 만든 세상에서 함께 살라고 여자를 주셨고, 당신이 세운 나라를 잘 다스리라고 권력을 주셨으며, 당신이 가진 가치관에 행복이 있다고 숭배하라 하신 하느님, 그러한 당신의 위대한 약속들은 왜 지켜지지 않는가?

구약성서 창세기에서는 이 같이 말한다.

실로 하늘과 땅과 거기 있던 모든 것은 다 선하였다. 다만 인간이 하느님을 전적으로 신뢰하지 아니하고 하느님께서 보시기에 악한 일을 하였을 때 그 선함은 잠시 훼손되었으며 더불어 인간의 지위는 떨어지고 하느님과의 관계도 변질되었다. 인간은 낙원에서 추방되었다. 인간 안에 있던 하느님의 형상도 훼손되었다. 그러나 결코 파괴된 것은 아니었다. 인간의 타락을 솔직히 기록한 본서는 동시에 그리고 지체 없이 하느님께서 적극적으로 주도하셔서 당신과 인간 사이를 화목시켜 주시겠다는 약속도 기록하고 있다.

그 약속은 곧 우리 인간을 하느님과 정상적인 관계로 회복시켜 줄 한 구원자에 대한 약속이었다. 우주의 창조자이신 전능하신 하느님은 결코 그의 최고의 영광인 인간을 포기하지 않으신다. 그리고 이 약속은 본서에 기록된 대로 족장들의 삶을 통해 계속 전승된다. 아브라함은 자신의 자손들이 축복받을 것이며 또 그를 통하며 인류가 축복받게 될 것임을 거듭 확약받는다.

바로 이 혈통을 통하여 훗날 인간을 하느님께서 본래 의도하셨던 바대로의 지위를 회복시켜 줄 구원자가 오신다는 것이다. 그리고 하느님에게 있어서 인간은 근본적으로 고귀하고 가치 있는 사랑의 대상이었음을 증거 한다고 한다. 인간은 하느님을 닮은 존재들이며 심지어 인간이 타락한 때에도 인간과 함께해 주셨음을 보여 준다고 한다. 나아가 인간은 하느님의 가장 위대한 계획에 따라 창조되었으며 하느님의 계획은 결코 실패하는 법이 없다.

구원자? 도대체 어떤 구원자가 올 것인가? 약속의 땅에 축복받는 인간, 하느님이 의도한 바대로 인간의 지위를 회복시켜 줄 구원자, 그러한 구원자가 온다는 것이다. 그리고 "인간이 타락하거나 당신이 하느님을 떠나도 인간과 함께해 주신다. 또 인간은 하느님의 가장 위대한 계획에 따라 창조되었기 때문에 하느님은 결코 실패하는 법이 없다."고 한다.

그리고 약속, 분명한 약속이었다. 아니, 인간의 역사가 시작된 이래 창세기에, 인류의 축복을 위해 하느님이 언약한 위대한 약속이었던 것이다.

그러나 그것은 지켜지지 않게 되어 있었다. 아니, 더 이상 지킬 수가 없는 약속이었던 것이다. 그리고 구원자는 없다. 모두가 엉터리 같은 하느님의 약속, 그것은 하느님의 실패작인 것이다. 왜냐하면 자본주의의 정상을 노리는 인간의 이기심, 그 이기심을 제거하지 않는 이상, 약속은 불가능한 것이며 그 이기심의 본질로 인해 우리는 모두 허상을 좇고 있었기 때문이다.

특히 인간들의 이기심은 동물의 그것과는 달리, 가질수록 더 가지려는 습성이 있으며, 공존의 틀보다 경쟁상대를 제거하려는 아주 나쁜 자본주의의 욕망을 동시에 가지고 있기 때문이다. 그리고 이 모든 것은 하느님의 작품, 실패한 하느님의 작품이라는 것이다.

따라서 정말 어리석은 하느님, 그런데도 그러한 어리석은 하느님의 확고한 확신을 믿으란 말인가. 지금 세상 돌아가고 있는 이치들을 보고 있노라면 하느님이 만든 지구, 하느님이 만든 인간의 이기심을, 검증도 없이 절규하며 숭배하듯 믿으란 말인가. 두 근 반밖에 되지 않는 인간의 작은 심장으로는 도저히 이해가 가지 않는 하느님의 약속이다.

그렇다. 자본주의 극단을 느끼며, 그들만이 사는 세상, 다시 말해 인간은 지금 하느님의 권위와 능력으로도 통제할 수 없는 새로운 창조를 위해 하느님보다 더욱 위대한 그 무엇을 향해 끝없는 세계로 가고 있다.

복제 양을 만든 후 복제인간을 만들 것이고, 죽지 않는 터미네이터 인간에다 유전인자를 변종한 슈퍼생물의 생산, 가공할

화력과 별들의 전쟁에서나 볼 수 있는 무기들, 인간 스스로도 통제하지 못하고 예측 못할 미지의 세계로 무한정 가고 있다는 것이다.

더군다나 인간의 심장 정도는 돈만 주면 얼마든지 바꾸어 끼울 수 있고 신선하다는 언약의 피는 비아그라와 함께 언제든지 수혈할 수 있는 편리함, 이 모든 것들이 황당한 컴퓨터 사이버의 세계와 같이 우리를 곤혹케 하는 인간들의 가치관인 것이다. 그리고 정신과 물질의 세계를 분리할 수 있는 교활한 현실인 만큼, 앞으로 인간이 죽으면 하느님의 나라 요람으로 가는 것이 아니라 고물상으로 가야 할 판국이다.

그런데도 "하느님은 인간과 함께해 주신다? 하느님의 창조와 계획엔 실패가 없다? 타락한 인간을 위해 구원자가 온다?" 맨 정신이 아니고서야 어찌 그런 말을 믿으란 말인가. 다시 말해, 하느님이 인간과 함께하신다 하였지만, 오히려 지금은 인간이 하느님의 위대한 영역을 침범하고 있지 않는가? 그리고 하느님의 창조와 계획엔 실패가 없다고 하였지만, 하느님은 인간에게 욕망의 덩어리인 이기심을 주지 않았는가 하는 것이다.

이기심의 본질, 그것의 존재가 무엇인가. 가지면 가질수록 더 많이 가지려는 것, 보면 볼수록 더 많이 빼앗으려는 착취근성이 아닌가. 그것을 바탕으로 하는 것이 자본주의인데 하느님은 그러한 것을 인간에게 주지 않았는가 하는 말이다.

바로 그 착취 근성과 같은 이기심, 그것 때문에 인간은 이미 하느님의 권위와 능력에 도전하고 있으며, 어쩌면 지금 그 이상의 것을 향해 가고 있는지도 모른다는 것이다.

그런데도 하느님의 실패가 없다는 것은 억지 논리요, 나아가 타락한 인간을 위해 구원자가 온다는 것도 공염불에 지나지 않는다는 것이다. 즉, 타락의 정도가 아니고 하느님의 권위를 넘겨보는 인간에게 구원의 의미, 그 자체부터 가치를 느끼지 못하는 어리석음이기 때문이다.

따라서 지켜지지 않는 약속들, 어차피 지켜지지 않게 되어 있었지만, 가장 실패한 창조, 그것은 인간의 이기심이었다. 우리 인간들은 그 이기심 때문에 스스로도 통제할 수 없고 우리가 어디로 가고 있는지 무엇을 추구하는지 조차도 모른다.

단지 이기심의 근본은 끊임없이 발전하여야 하고 끊임없이 투쟁해야 하며 끊임없는 쟁취가 목적이다. 그것을 삶의 한 축으로 하는 이상 누구도 확고한 도덕과 윤리를 말하여서는 아니 되는 희한한 모순 속에 살고 있는 것이다.

그리고 피, 언약의 피!

B.C.14세기 모세는 시나이 산 아래에서 그의 백성들에게 피

의 언약서를 들려주었다.

"보라, 언약의 피를!" 하느님과 인간과의 최종적인 계약을 맺을 때 "여자의 후손에서 나온 자"는 "오직 자기의 피로 영원한 속죄"를 이루었고 최후의 만찬에서도 스스로 "이 잔은 내 피로 세우는 새 언약이니"라고 하고 있는 것이다.

따라서 인간은 가식이고 허구지만 때로는 핏빛을 보고는 정신이 맑아진다. 그러나 어쩌면 인간의 피는 악마의 근성과 같은 이기심의 조합물인지도 모른다. 즉, 흑인종이나 백인종이나 황색인종이나 모두 똑같이 스며들어 있는 빠알간 핏빛, 이 자본주의와 닮은 핏빛을 보고서야 조금씩 인간의 정체를 알 수 있을 것 같은 까닭이기 때문이다.

그리고 영원한 언약의 맹서 속에 누구도 예기치 못한 사태와 같이 가지면 가질수록 더 가지려는 습성, 그 욕망의 덩어리와 함께 한 언약의 피, 그 짓궂은 이기심의 피 때문에 위대한 약속들은 지켜지지 않는 것인지도 모른다.

『빵들이 정치를 해야겠다고 한다. 왜냐하면 현실 정치인들의 배후가 궁금하기 때문이다. 더군다나 그들은 모두 표면을 내세우고 있지만, 역사는 이면이 구성해 간다는 논리를 깨닫지 못하고 있다. 한심한 정치인들, 그리고 그들은 얼룩진 비사가 터지면 꼬리부터 자른다. 진실은 언젠가 드러난다는 사실을 망각한 채, 적당한 부위에서 꼬리부터 자른다. 결론은 너무 얄팍한 정치를 하고 있다는 것이다. 따라서 빵들도 정치를 해야겠다고 하는 것이다. 더는 할 말이 없다.』

부패한 정치권력이
악덕 자본주의를 낳았다

영욕의 세월, 해방 후 반세기 동안 우리는 풍전 같은 영욕의 세월을 살았다. 되돌아보면 파란만장하게만 얽히는 비사, 특히 정치인들에게 있어서는 더 말할 나위 없는 대하드라마같은 비사로 이어진다.

초대 이승만 대통령부터 시작하여 산업혁명과 민주화, 그리고 선량들의 혁혁한 공로, 그 명성과 함께 훈장처럼 빛나던 정치사의 사람들, 거기다가 장ㆍ차관과 대통령 주변의 사람까지 포함하면 수백, 수천에 이르는 정치 비사가 존재한다.

그러나 이러한 정치권의 비사, 즉 정파와 계층, 지역 간의 갈등은 물론, 민주화의 투쟁사를 포함하여 모든 정치권의 고난과 우여곡절에도 불구하고 아직도 풀리지 않는 빗장은 차가운 성벽처럼 높기만 하다.

'왜 그럴까?'

그리고 수많은 사람들이 내세운 공약과 구호, 그 신기루와 같은 것은 나타났다가 사라지고 사라졌다가 나타났다. 그리고 그 위대한 약속들은 지켜지지 않았다.

'왜 그럴까?'

1948년 7월 17일 국회의사당에서 이승만 의장은 "…이 헌법이 우리 국민의 완전한 국법임을 세계에 선포합니다. 지금부터 우리 전 민족이 평등과 자유의 평화적 복리를 누릴 것을 이 헌법이 담보하는 것이니……."라고 하며 제헌국회 헌법을 선포하였다. 그리고 그해 8월 15일 초대 대통령으로서 "나 이승만은 국헌을 준수하며 국민의 복리를 증진하며……."라고 하는 선서를 함으로써 이 나라 대한민국은 힘차게 출발하였던 것이다.

그리고 반세기, 영욕의 세월이 흐른 후에 돌아온 반세기, 우리에게 남은 의미는 무엇인가? 몇몇 정치적 의혹의 사건들은 아직도 풀리지 않은 채, 권력의 속성들로 얼룩진 비사, 그 비사의 주인공들은 가고 허탈과 부질없는 영겁만 남아 있지 않은가?

그래도 자본주의를 신봉하여 경제적 위상을 높여 왔다고는 하나 정작 소중한 인간관계를 잃어버린 우리들, 우린 오히려 세월의 뒤안길에서 허전함을 달래려고 영원과 같은 그 어떤 무엇을 기다리고 있지 않은가?

그렇다. 애초부터 정치 비사 속 사건들은 실제 아무 의미가 없는 것들이 많다. 그리고 정치인들의 공약은 개도 쳐다보지 않는다고 했다. 즉, 공약(公約)이 아니라 공약(空約)이기 때문이다.

한마디로 우리는 정치를 통해서 이상을 실현하려고 한다. 그러나 그것은 요란한 구호나 공약으로 이루어지는 것이 아니다. 희생과 봉사, 성실한 노력만이 요구되는 진실함이 있어야 한다. 그럼에도 불구하고 우리는 그런 정치인을 만날 수가 없다.

바로 자본주의 속성, 그것으로 대입하면 정치판 역시 도박판의 형태와 다름없는 것이기 때문이다. 다시 말해, 자신만을 존재의 축에 넣고 상대 정적에 대해서는 언제든지 거세해 버리거나 철저히 제거해 버려야 그가 살 수 있는 이치와 같은 것이다.

만약 앞서 이야기한 바와 같이 희생과 봉사, 성실한 노력 등을 실제로 실천하는 어느 순진한 정치인이 있다고 가정해 보자. 그러면 그것은 에리히 프롬의 설명에 따라 이 세상에서 가장 바보 같은 정치인으로 전락하고 마는 꼴이 된다.

따라서 독재자의 심리와 같은 정치판, 그 자체는 자본주의와 닮은 그러한 습성으로 인해 우리 사회가 구성되어 지고 있었다는 것이다. 그래서 정치인들의 위대한 약속들은 결국 지켜지지 않게 되어 있다.

비근한 예로 이 나라 정치사 중 사상 초유의 3당 합당에 대한 비사, 그 얼룩진 비사는 대한민국 국민 모두에게 큰 상처를 남겼다. 다시 말해, 이미 십수 년 전의 일이지만 일부 국민들에게는 그 생체기가 아직도 아물지를 못한다. 왜냐하면 그들에겐 피멍이 든 만큼의 아픔이 너무나 컸었기 때문이다.

즉, 당시 여당이었던 민주정의당과 야당이었던 통일민주당 그리고 신민주공화당의 숙명적이라고 하는 합당, 그 위대한 합당과 공약의 명분 뒤에는 이 나라 정치인들에게 흔히 볼 수 있는 삼류 정치의 비사가 숨겨져 있었던 것이다. 다시 말해 그들은 당시 합당 선언문에서 이 같이 밝혔다.

우리 사회의 모든 민족, 민주 세력은 이제 뭉쳐야 합니다. 이 같은 시대적 요청에 부응하기 위해 우리는 중도 민주 세력의 대단합으로 큰 국민정당을 탄생시켜 정치적 안정 위에서 새로운 정치질서를 확립해 나가기로 했습니다. 우리 세 사람은 굳은 의지와 사명감으로 21세기 세계의 중심에 우뚝 선 당당한 나라를 건설하는 초석이 될 것을 다짐합니다.

그러나 위와 같이 국민들에게는 당혹할 정도의 황당한 합당 선언이 지금은 어떠한 결과를 가져왔는가? 아이러니한 해석이지만 그 위대한 지도자들이 보여 준 합당에는 명분도, 의리도, 지조도, 절개도 없는 문제덩어리의 사회가 바로 정치 사회라는 것만 남겼을 뿐이다. 다시 말해 시대적 요청에 의한 3당 합당의 정신, 그것은 외형상의 명분일 뿐, 내면은 모두 분칠을 한 늑대의 발톱과 같은 각자 다른 야망을 품고 있었던 것이다.

쉽게 이야기해, 그 당시 3당 합당의 비사에 대해서 우리 한 번 까놓고 이야기해 보자. 먼저 군사 정권의 굴레를 벗어나지 못한 6공의 노태우 정권은 군정을 벗기 위해 피치 못할 상황에서 합당을 유도하였고, 그 군사 정권의 양자로 들어간 김영삼 정권은 그 스스로 차기 정권을 쟁취할 수 없는 한계에 부딪치자 어쩔 수 없는 선택을 한 것이며, 지역 맹주 자리를 꿰차려고 했던 김종필 총재는 내각제를 통하여 나름대로 지분을 지속적으로 유지하려 했던 것이 3당 합당의 본질이 아니었던가.

다시 말해, 여소 야대의 6공 정부 사회에서 다양한 목소리가 기존의 질서를 흔들기 시작했다. 따라서 정부는 사회 불만 세력들에게 질질 끌려다니기 일쑤였고, 공권력의 권위는 땅에 떨어졌으며, 6공의 노태우 정권은 '물태우'라는 조롱 섞인 별명까지 얻은 상황이었다.

그리고 김영삼의 통일민주당은 제2야당의 한계를 뼈저리게 느껴 한동안은 강경한 대여선명투쟁을 외치다가, 큰 성과가 없자 유신 본당이라 자처하던 김종필에게 접근해 통일민주당과 신민주공화당의 합당 냄새를 피우는 등 오락가락하고 있었다. 그런 와중에서도 어떻게 하든 차기 정권을 잡아 보려고 내각제 개헌에 대해 각서까지 써 주면서 그의 야심을 감추고 있던 상황이었다.

한편, 권력의 핵심부에서만 보내던 김종필과 신민주공화당은 말년의 야당 생활이 달갑지가 않았다. 거기에 집권의 가능성을 보여 줘야 돈과 사람이 모일 텐데 지역 대결 구도에서 충청 표와 노년층만 가지고선 힘들다는 한계점 때문에 내각제를 외치고 있었지만, 확고부동한 직선제 지지 여론을 넘을 수가 없는 상황이었다.

즉, 위와 같은 상황에서 그러한 판을 한 방에 바꿀 만한 절묘한 수가 바로 3당 합당을 통한 정계 대개편의 시나리오였으며(나무위키의 3당 합당 비사), 그 합당의 명분 뒤에는 각자의 야심을 철저하게 따로따로 숨겨 왔다는 것이다.

다시 말해 "정책 중심, 정당정치의 실천, 민주, 번영, 통일 시대"를 내건 합당 선언문에서 "우리 세 사람은 굳은 의지와 사명감으로 21세기 세계의 중심에 우뚝 선 당당한 나라를 건설하는 초석이 될 것을 다짐합니다. 나아가 새 국민정당의 출범은 정치의 안정, 정치의 선진화를 이룩하여 위대한 역사를 창조하는 새로운 출발이 될 것입니다."라고 하는 것들은 결과론적이지만 국민을 속이기 위한 기만전술에 불과할 뿐, 실제 진정한 국민을 위한 정치 행위들은 결코 할 수 없었다는 것이다. 왜냐하면 앞서 언급한 바와 같이 속내심은 모두 양의 탈을 쓴 늑대의 꼴을 하고 있었기 때문이다.

결국 그러한 상황에서 3당 합당의 정신은 '엿가락' 정신이 되어 늘이면 늘어나고 자르면 잘리는 정신이 되어 버렸으니, 지나가는 개들뿐 아니라 국민 모두가 그들에게 사기를 당한 꼴이 되어 버린 것이나 마찬가지였다.

특히 군사 정권의 대부, 바로 전두환 정권이 만든 민정당에 양자로 들어간 김영삼은 솔직히 차기 대통령 후보를 주지 않으면 내각제든 합당이든, 모두 파기해 버리겠다고 생떼를 쓰는 통에 후일 노태우는 회고담 인터뷰에서 "김영삼 민자당 대표는 권력투사처럼 행동했고, 그의 국정운영 능력을 의심했으나 달리 대안이 없어 후계자로 만들게 되었다."며 "그는 민주주의와는 관계없는 사람이었으니 나는 색맹 환자였던 셈이며 역사와 국민 앞에 죄송하다"고 말했다.

즉 이 나라 최고 권력자에 올랐던 대통령 스스로 그 당시 사건에 대해 "나는 색맹 환자였던 셈"이라고 고백하니, 국민들은 이마저의 말을 안 믿을 수도 없고, 또 세계의 웃음거리인 IMF

의 주범자 김영삼 대통령에 대해 군정의 대부 전두환 대통령이 '주막 강아지'에 비유하자, 이에 화답이라도 하듯 김영삼 대통령은 전두환 대통령을 '골목 강아지'에 비유한 전례가 있었으니 한마디로 이 나라 전체는 개판이 되어 버린 웃지 못할 사태도 벌어진 것이다.

그래, 그렇다.

결국 황당한 정치는 그렇게 개판이 되어 버렸다.

양자로 들어간 김영삼의 몽니 때문에 군사 정권의 대부들은 힘없이 무너졌고, 그 피해는 엉뚱하게도 죄 없는 국민들이 지고 갈 수밖에 없었다. 즉, 한국의 IMF 때문에 죽음을 선택한 엉뚱한 원혼들의 원성, 그것은 부패한 정치권력이 낳은 악덕 자본주의 유산이었던 것이다.

그러나 그것이 아무리 부패한 정치권력이 낳은 악덕 자본주의의 유산이라 하여도, 아무리 흘러간 세월 속의 정치 비사라 하여도, 전직 대통령까지 지낸 사람들이 이 나라 정치를 모두 개판으로 만들어 버렸으니 국민들 입장에선 다시 한 번 더 할 말을 잃을 수밖에 없다.

따라서 개만도 못한 국민들의 신세에, 하도 어이가 없는 어느 SNS 이용자의 반응은?

강아지를 다른 말로 뭐라고 부르던데, 끙끙.

뭐였더라?

그러나 슬프게도, 너무나 슬프게도 그놈의 개판 정치는 아직도 끝나지 않았다.

바로 최순실 게이트는 부패한 정치권력이 낳고 있는 악덕 자본주의가 더욱더 진화해 가고 있다는 증거로 남고 있기 때문이다.

『그런 날이 있다. / 밑도 끝도 없이 빵이 생각나는 날. / 글루텐 분해가 잘 되지 않아 체한 듯 먹혀지는 빵, / 그런 날은 꼭 비가 오고 있었다. / 그래도 빵들은 묵묵히 지낼 뿐, / 언약하고 맹세하지 않는다..』

약속은 맹세하고
언약하는 게 아니다

어느 날 갑자기 친구처럼 살아가는 동반자, 그 동반자에게 무언가 말을 해야 했다.

그러나 굳은 맹세와 같은 약속은 할 수가 없었다. 왜냐하면 그 약속이라는 것 자체가 어쩌면 불행의 시초일 것만 같았기 때문이다.

그래서 창밖에는 촉촉한 비가 내리고, 자연의 신비로움이 대지로 향할 때, 안개비 같은 하늘, 하늘을 향해 무언의 시선으로 원망스럽게 삶을 부르짖어 본다.

산다는 것,

그것은 때로 이해하는 것이다.

내가 못났거나 아니면 잘났다 하더라도

허물없이 이해하며 산다는 것은

가식이 아니라 진실이기 때문이다.

어렵고 힘이 들고 외롭더라도

진실은 나에게 또다시 용기를 주는 아름다움인 것이다.

그래서 산다는 것은

사랑하는 것이고 사랑은 진실인 것이다.

우리의 사랑이 짧다고 하나

믿음이 있으면 그것은 영원할 것이고,

우리의 사랑이 투박하다고 하나

용서하고 이해하면 모두가 아름다울 것이다.

내 사랑의 마음을 다한 뒤에야

믿음은 종래의 가슴속에 남아 빛이 될 것이다.

소리 없이 믿고 사는 영원이 될 것이다.

결국은 미워하면서도

......

사랑하면서 남을 것이다.

그리고 사랑의 약속은 맹세하고 언약하는 것이 아니라, 단
지 꿋꿋하게 지키며 사는 것이라는 말을 할 수밖에 없었다.

3.
축적된 부(富)의
행방은?

『빵들에게는 자유가 없다. 그래도 투쟁을 할 줄 모른다. 나에겐 넘치는 자유가 있다. 그래도 모자란다고 한다. 그래서 시골 빵집에서 혁명을 꿈꾼다. 우린 모두 의식도 하지 못한 상태에서 무의식 속의 투쟁을 한다. 혁명도 이와 마찬가지다. 아마 어쩌면 빵들도 무의식 속의 투쟁을 하고 있는지 모르겠다. 빵집 주인인 나를 향해서……』

굉장한 자유를
누리는 것 같으나…

자유를 누리고 있는 많은 사람들은 그들의 자유가 굉장하고 당연한 것으로 여기고 있다. 그러나 그러한 자유는 끊임없는 쟁취와 투쟁을 통해 얻어진 것이다. 따지고 보면 정치적 자유를 부르짖는 사람들, 그들의 피상적인 자유는 그들만을 위해서 있었다.

자연으로부터 얻어진 당연한 자유가 왜 정치인들로부터 오는 투쟁과 쟁취의 자유가 되어야 하는가? 역설적이지만, 우리는 태어나면서부터 가지고 나온 인간의 존엄과 인격을 누군가로부터 항상 위협받고 있다. 그러기 때문에 자존, 혹은 존재로부터 스스로의 자유를 지켜야 하는 것이다.

근본적으로 인간이 가지고 있는 사회체계는 생활의 자유,

문화의 자유, 혹은 전통적으로 내려오는 개개인의 위대한 자유들이 많은 권력자와 정치가들에게 빼앗기거나 혹은 빼앗기지 않으려고 하는 투쟁의 역사인 것이다. 그리고 자본가들은 사유재산의 정당성을 들어 값싼 노동력을 사들이고 그들의 전유물이 되다시피 한 물질의 향락과 자본의 자유를 마음껏 향유하려고 한다.

즉, 인간의 원초적인 자유는 국가와 민족이라는 테두리 안에서 그들의 계급투쟁으로부터의 희생물이 되고 있다는 것이다. 그리고 정치가들의 야심과 자본가들의 착취근성, 그것을 제거하지 않는 이상, 가난한 자와 약자의 자유는 항상 위협의 대상이라는 것이다.

나아가 이러한 개념은 더욱 발달하여 사회와 사회, 국가와 국가, 아니면 문화와 전통 등 근본적인 개념과 이념의 차이로부터 투쟁과 전쟁도 불사하고 있다. 또 종교와 인종 문제, 과학의 발달과 함께한, 문명의 패권주의로 인해 인간의 기본적인 존재는 항상 원래의 자유로부터 피할 수 없는 위협을 받고 있다.

그래서 우리의 사회는 그러한 자유를 지키기 위한 투쟁으로 얼룩진 조직이며, 또 그러한 목적으로 살아가고 있는 것이다.

여기서 우리는 마르크스의 계급투쟁을 한번 살펴보자. 즉, 마르크스는 인간은 본래 악하다는 것을 부인했다. 다시 말해서, 우리는 악하게 태어나지도 않았으며 악한 성향을 가지고 있지도 않았다는 것이다. 그러나 인류의 악은 계급투쟁에서부터 비롯되었다는 것이다.

인간의 본성을 괴롭히는 것은 외부에서 주어지는 것으로서 인간의 사회 자체에 문제가 있다는 것이다. 사실상 우리들의 대부분은 우리가 어떤 계급투쟁을 하고 있는지조차 잘 의식하지 못한다. 그리고 자본주의 사회에서 자본가와 노동자, 농민 사이의 임금 투쟁 등에서 어떤 방법과 어떤 전략으로 투쟁을 하고 있는지 의식적으로는 모르고 산다.

그러나 마르크스에 의하면 계급투쟁은 수세기 동안 사회의 '가진 자'와 '못 가진 자' 사이에서 대접전을 일으켜 왔으며, 그것을 '생산 관계들'이라고 부르는 것으로 구분하였던 것이다. 여기서 '생산 관계들'이라고 구분하는 분명한 선은 생산 수단을 소유하고 있는 소수, 즉 '가진 자'와 생존을 위해 노동력을 팔아야 하는 다수, 다시 말해서 '못 가진 자'와의 충돌이라는 것이다.

그리고 이러한 계급투쟁은 자본주의 사회에 와서는 더욱 팽배해지고 있다는 점이다. '자본가'라고 불리는 소유자를 '부르주아 계급'이라 하고, '못 가진 자'로 불리는 노동자 계급은 '프롤레타리아 계급'으로 규정되며, 이것이 모든 악을 조장하고 모든 사회의 관계들을 규정하는 투쟁의 원인이라는 것이다.

여기서 우리는 이러한 질문을 할 수 있다. 우리 사회가 가지고 있는 법이란 것은 무엇인가? 즉, 법이란 가진 자들의 사유재산을 지켜 주기 위한 것 이외에 어떠한 역할을 하는가? 또 학교와 교회는 무엇인가?

시장성 원리의 교육을 받은 사람들은 자본가 계급을 선호할 것이고, 교회에서 하나님은 부를 축복의 증거라고 치켜세울 것이 아닌가. 그리고 가난은 운명이라고 가르칠 것이 아닌가. 나아가 경찰은 가진 자의 착취적인 제도를 보호하고, 군인은 노동자들이 낸 세금으로 외국의 간섭을 막을 것이며, 예술은 가진 자들을 위해 극구 찬양의 노래를 부를 것이고, 향락시설은 자본가의 전유물이 아닌가. 그래서 "모든 사회는 자본가들만을 위한 악취의 사회가 자본제일주의가 아닌가?"라고 질문을 할 수 있는 것이다.

물론 여기서 지나칠 정도로 주장하는 마르크스의 계급투쟁을 맹목적으로 받아들일 수는 없지만, 우리 인류의 사회는 그러한 투쟁과 쟁취, 혹은 착취의 현상들이 연속적으로 일어나고 있었다는 점은 부인할 수 없는 현실이다. 즉, 원래의 자유가 누군가로부터 아니면 자기도 모른 채 착취당하여 왔고, 또 군대의 계급사회와 같이 하급자의 제한된 자유는 이미 정해져 버렸다는 것이다.

예를 들면 물질적 자유에 대해서는 물질을 소유하거나 가지고 있는 양과 질에 따라, 그들은 그것에 의해 적당히 그들의 자유가 등급화되어 있었다는 것이다.

다시 말해, 쌀 만 석을 가진 사람은 쌀 만 석에 대한 자유를 누릴 수 있으며, 돈에 대해 수천억을 가지고 있는 사람은 그 수천억 원에 대한 자유가 너무나 황홀하게 보장되어 있었다는 것이다. 그리고 권력의 자유에 대해서도, 사회적 계급을 통하여 특별한 권력의 계층에 있는 권력자들은 그들이 누리고 있는 계급과 함께 명령, 지시에 대한 자유가 권력으로부터 역시 보장되어 있다는 것이다.

그래서 이러한 등급화되어 있는 자유, 그것에 대한 사례는 수없이 많이 들 수는 있지만, 인간에 있어 우리는 평등과 존엄을 외치고 있으면서도 그러한 것에 대한 불평등의 자유에 대해서는 별로 의식하지 않았다는 것이다. 다시 말해, 물질과 권력으로부터 넘쳐나는 자유를 누리고 있는 사람이 있는가 하면, 상대적으로 고유한 원래의 자유를 속박당하거나 제한받으며, 인격적 모독과 모멸을 느끼며 사는 사람이 존재하고 있었다는 사실이다.

이에 칸트는 "인격은 내 인격이든 남의 인격이든 반드시 목적으로 추구되어야 하며, 사물은 인격을 위한 수단적 가치가 되어야 한다."고 했다. 그러나 보통 우리 사회는 나의 인격은 목적으로 하면서 남의 인격은 물건화하기 쉬운 습관들을 가지

고 있다고 한다. 그래서 이와 유사한 개념으로 인간에게 있어
서는 자아의 상실과 함께 전통적 가치관의 상실이 일어난다는
것이다.

　다시 말해 매일 돈만 세는 은행원의 경우, 돈이 인간을 위해
있는 것인지 아니면 자기가 돈을 위해 사는 것인지 혼동을 느낄
수 있다는 것이다. 그러나 여기서도 본질은 돈을 위해 인간이
있는 것이 아니라, 인간을 위해 돈이 있어야 한다는 것이다.

　마찬가지로 자유는 인간을 위해 있어야지, 인간이 불평등한
자유에 매달려서야 되겠는가 하는 점이다. 즉, 인간이 태어나
면서부터 가지고 나온 고귀한 자유가 투쟁의 대상으로 되는 순
간, 그 인간의 인격은 바로 수단적 가치로 전락할 수밖에 없다
는 것이다.

　예를 들어 북한의 경우, 수많은 인민들은 태어나면서부터 김
정은과 일부 권력층들에게 거의 모든 자유를 빼앗겨 노예처럼
살고 있는 것과 같다. 또한 남한의 자본주의 사회에서는 돈이면
모든 것이 해결되는 현상, 즉 가정부와 운전기사, 경비원, 그리
고 일반 잡부들의 형태와 같이 돈이면 모든 것을 사고 팔 수 있
는 그러한 구속의 현상들, 이러한 것들이 바로 한 인간의 인격
이 수단적 가치로 전락해 버린 대표적인 사례들이라는 것이다.

　그러나 어찌 되었든 한 인간에게 주어진 고유한 자유, 즉 존
엄과 인격으로부터 지켜져야 할 인간의 자유가 계급투쟁으로

부터의 희생물일 수는 없다. 특히 정치가들이나 자본가들로부터 빼앗긴 자유를 우리는 당연한 것으로 받아들일 수는 없다.

많은 정치가와 자본가는 그들 나름대로 그들의 정당성을 이야기하지만, 실제로 우리에게 돌아온 것은 무엇인가? 빈부 차이에 대한 격차, 혹은 가난한 것을 무능으로 몰아붙이는 가치관, 이 모든 것이 종래에 가서는 부유한 자유(원래의 자유)를 속박하거나 제한하고자 하는 목적 외에 어떠한 선의의 목적이 있겠는가?

따라서 우리 사회는 굉장한 자유를 누리고 사는 것 같으나, 실제로는 가진 자와 가지지 못한 사람들 사이에 "자유로부터의 전쟁" 즉 "자유를 위한 투쟁과 테러"가 항상 존재하는 사회 속에 살고 있다는 것이다.

결론적으로 한 인간의 도덕적 자유는 진보적인 희망을 통한 이데올로기적 테러(반역, 혁명, 개혁) 행위를 자행하는 데 있는 것이 아니라, 원래의 자유를 지키고 발전시키는 데에 있어야 한다는 것이다.

즉, 사회는 그 사회의 요구 수준에 따라 부패하며 썩을 수도 있고, 그렇지 않을 수도 있다. 문제는 분명 자본주의에 의한 풍요의 습성으로 사는 것이 아니라 그 이면에는 뺏고 뺏기는 보이지 않는 "자유로부터의 전쟁"이 항상 치열하게 전개되고 있는 그 원인에 대해서 좀 더 깊은 이해가 필요하다는 것이다.

『단팥빵, 브리오슈, 바게트, 크루아상, 모닝 빵, 딸기 잼 파이 등, 빵들이 다 모였다. 그리고 마르크스에게 물었다. 우리도 자본가가 될 수 있느냐고. 나아가 국가와 정부, 법과 규칙, 학교와 종교, 경찰과 군대 등과 우리 빵들과의 사이에는 어떤 관계에 있느냐고. 그러자 마르크스는 답했다. "150년 전으로 돌아가라. 혁명은 이미 150년 전부터 시작되었다. 그때도 '빵과 자유'를 달라고 하였으나, 150년이 지난 지금은 빵도 없고 자유도 없다." 즉, 실패한 공산주의 때문에 우리 사회의 허전함만 남았다고 한다.』

교활한 마르크스의 세계를
예리한 톨스토이가 지적하다

마르크스는 왜 하필이면 계급투쟁을 인간 죄악의 원인이라고 하는 것일까? 그 일면을 살펴보면, 자본주의를 대표하는 사유재산권에 대한 개념을 들 수 있다.

즉, 마르크스가 의미하는 사유재산은 칫솔, 의복 혹은 자동차와 같은 개인 소유물을 의미하지 않는다고 한다. 이러한 것은 생활의 편의를 제공하는 필수품이지, 계급투쟁의 원인이라고 보지 않았다. 다만 마르크스가 주장하는 사유권의 의미는 공장, 광산, 금융, 기타 기업 등 흔히 자본가라고 불리는 총체적인 것을 지칭한다.

그렇다면 왜 사적 소유가 계급투쟁의 원인이라고 생각하는가? 그것은 부르주아(자본가) 계급이 이러한 권한을 가지고 프롤레타리아(노동자) 계급을 착취한다고 믿기 때문이다. 즉, 프롤레타리아 계급은 노동력 외에는 어떠한 자원도 가지고 있지 않기 때문에 그들의 노동력을 싼값(현행 임금 수준)에 노동시장에 상품화시켜야 한다고 한다.

노동자는 고통스럽지만 그들의 생존을 위해서 인정머리 없는 기업가에게 그들 자신이라고 할 수 있는 노동력을 팔아야만 생존할 수 있기 때문이다. 나아가 그들 고유의 인격보다는 그와 그의 가족이 죽지 않기 위해서 노동력의 형태로 파는 것이 그 자신이고, 이렇게 절충된 임금에 팔리기 위해서 태어나고 자라고 훈련된다고 믿는 것이다.

이때 팔리는 임금은 노동자가 생산해 내는 재화의 가치보다 더 적게 책정되며, 자본가는 이 과정에서 이윤을 얻게 된다는 것이다.

나아가 마르크스는 아리스토텔레스가 오래전에 지적한 "돈은 생산성이 없는 것이고 소득이 없다."는 점에 주목했었다. 즉, 단순히 돈을 수세기 동안 금고에 보관만 하고 있으면 단 1센트의 이익도 내지 못한다는 논리에 자본가들은 노동자의 노동력이 아니면 어떻게 이윤을 낼 수 있을 것인가 하고 반문한 것이다.

그래서 마르크스는 자본주의를 계급투쟁의 원인으로 고발한 것이다. 여기서 중요한 것은 마르크스가 어쨌든 인간 사회의 부패성을 지적했다는 점은 높이 평가할 만한 것이었다. 특히 자본주의에 대한 부패의 요인을 지적하면서 그 나름대로 치유책을 강구하기도 한다.

즉, 사유재산을 보호하기 위해 만들어진 자본주의 제도들 – 산업, 기업, 교회, 학교, 법원, 나아가 국가 – 부르주아(자본가) 계급이라고 부르는 모든 사물의 도덕성과 예술의 것을 붕괴시켜야 한다는 것이 마르크스의 주장이었다.

그러나 그것은 반역, 하나의 무모한 계획이었다. 그래서 러시아의 유명한 소설가 레오 톨스토이는 이렇게 예견했다.

마르크스가 예견한 사실이 일어난다 할지라도, 거기에서 발생될 한 가지 사실이 있다면 그것은 독재의 정치일 뿐이다. 오늘날은 자본가가 지배하고 있으나, 그때가 되면 노동자의 독재가 이루어질 것이다.

그렇다. 그것은 교활한 마르크스의 세계를 예리한 톨스토이가 지적한 것이었다.

그러나 다시 한 번 강조하지만 마르크스는 오래전부터 부패한 자본주의를 치유하려고 했다는 점에 우리는 그 무게중심을

싣는다. 단, 방법과 과정 등은 시대와 환경에 따라 변할 수
있다.

그래서 자본주의의 병폐, 그것은 예전에도 있어 왔고 앞으
로도 더욱 거세게 일 것이다. 왜냐하면 노동자로 전락한 계급
들, 그들의 생존경쟁은 더욱 치열해질 수밖에 없기 때문이다.
더욱이 빈익빈 부익부의 격차는 가면 갈수록 더욱 심화될 것이
기 때문이다.

그리고 정치가들이 좋아하는 권력도 마찬가지이다. 가지면
가질수록 더 많이 가지려고 하는 것이 권력의 속성인 만큼 더
많은 정치가들은 노동자들의 권력을 위임받아 대대로 행사하
려고 한다. 따라서 권력과 권력의 충돌로 인한 원래 노동자의
자유는 계속 혹은 더욱 구속될 수밖에 없는 것이 현실이고, 이
러한 자본주의와 닮은 병폐들을 치유하기 위해 인간은 무엇인
가에 대한 선택을 해야 한다. 그것은 반역이든지, 혁명이든
지, 아니면 개혁이든지, 어느 것이든 인간은 선택을 하여야 한
다는 것이다.

여기서 우리는 『해방신학과 혁명』에서 이미 마르크스의 반역
에 대한 실패를 보아 왔다. 즉, 그의 이론은 과학적 바탕을 전
제로 하지 않는 대단히 선정적이었거나 아니면 구호적 성격이
강했다는 것이 그 이유였던 것이다. 그렇지만 여기서도 그 절
반의 실패와 함께 우리 모두의 오류이거나, 내용적으로는 더

욱 진부한 개념으로만 분석하고 있었다는 것은 마르크스의 반역을 파괴의 전형적인 유물로만 생각해 왔다는 것이다.

즉, '반역'은 에너지를 가지고 파괴를 조장한다. 그리고 반역은 부정만을 일삼는다. 반역자들은 그들이 지니고 있는 이데올로기에 대한 열렬한 신봉의 표시로서 사회, 정치적 제도를 파멸시키는 데 온 힘을 다 기울인다. 반역은 전형적으로 기존의 환경의 본질과 기존의 지도력의 바탕이 파괴된 후에 새로운 환경과 지도력이 이루어지는 형식을 따르게 된다. 반역은 일단 모든 것을 산산이 파괴시킨 다음, 그 폐허로부터 어떤 강력한 지도자의 절대적인 권력을 세우게 된다. 바로 이것이 마르크스의 방식이었으나 톨스토이가 지적한 것처럼 그는 철저한 오류를 범하고 만다. 즉, 동 유럽 국가들의 실패가 입증된 사례들이다.

그러나 이와는 다르게 '혁명'은 변화를 가져오는 권세로부터 이루어진다. 혁명은 폭동이 이루어지기 전에 분명히 계획된 목적으로 변화할 수 있도록 해 준다. 혁명가는 전복된 제도를 명확히 인식하고 조직된 사회, 정치적 제도로 대치한다. 반역자는 파괴를 최대의 목적으로 강구하나, 혁명가는 그가 원하는 좋지 않은 제도를 '새로운' 체제, 즉 보다 나은 체제로 대치하는 것이다.

여기서 우리는 개혁에 대한 논리도 분석해 볼 필요가 있다.

즉, 개혁은 밑에서부터의 변화가 아니라 위에서부터의 변화이다. 사회는 어떤 형태든 권력과 자본의 공유를 위해 바뀌고 변화되어야 하나 그 변화의 수준이 어떤 형태에 있느냐에 따라 달라진다. 다시 말해서 개혁은 정치가와 자본가의 솔선수범, 주체자 스스로 변화의 본질에 개선의 목적을 두고 있다는 것이다. 따라서 어쩌면 가장 적은 에너지로서 그들 자신의 원초적인 자유를 지킬 수 있는 수단이 개혁인지도 모른다.

단지 우리 사회에서 "교육 개혁이다, 정치 개혁이다." 하는 소리가 높은 것은 사실이지만, 실제 그 개혁의 가능성은 요원한 것이 현실이다. 왜냐하면 기존 기득권층, 특히 정치인들, 그들은 지금 개혁의 대상일 뿐이지 개혁의 주체가 될 수 없기 때문이다.

결론적으로 부패하지 않는 사회, 풍요한 자유와 인간의 존엄이 존재하는 새로운 사회를 만들기 위해서는 우리 모두 넘어야 할 과제, 그것은 "반역이든, 혁명이든, 아니면 개혁이든" 분명히 한 가지 이상의 선택은 반드시 해야 한다는 것이다. 그러나 이러한 선택을 한다 하더라도 마르크스의 세계처럼 그런 이상한 사회는 구축할 수가 없다. 왜냐하면 톨스토이가 지적한 것처럼 이상한 독재자의 전형, 즉 북한의 경우처럼 그런 희한한 사회주의에서는 또 다른 혁명이 요구되기 때문이다.

따라서 아름다운 반역과 명분 있는 혁명, 합리적인 개혁은 반드시 인간의 선택에 의해서 이루어져야 하나 우리 인간의 원초적인 자유와 도덕적 윤리도 함께 지켜지기를 바랄 뿐이다.

『빵들이 수군거리기 시작했다. 그리고는 불문곡직하고 "그동안 우리들로 인해 벌어들인 돈은 모두 어디로 갔느냐?"고 묻는다. 나는 순간 놀라지 않을 수 없었다. 그러나 잠시 가슴을 진정시키고 변명을 했다. "여러분과 나는 정말 열심히 일을 했다. 그렇게 열심히 일을 하고 돈을 벌었지만 지금은 돈이 없다. 모두 사라져 버렸다. 아니, 나뿐만 아니라 우리 노동자들과 농민들의 돈은 항상 사라져 버린다. 마술처럼 사라져 버린 돈, 지금도 그 행방을 찾고 있다."고 했다. 나의 이런 황당한 답변에 빵들은 눈만 껌뻑껌뻑하고 있다.』

축적된 부(富)의
행방은?

우리 인간은 문명이 발달함에 따라 계급도 여러 가지로 분화되어 왔음을 알 수 있다. 원시인의 생활이란 고달프고 고작 먹는 일을 발견하는 것이었지만, 그들은 매일매일 나무열매를 주우러 이곳저곳 떠도는 생활에만 매달려 있었던 것이다. 그러는 동안 점차 부족(部族)이 형성되면서 사냥을 하는 등 제법 큰 가족들을 이루었고, 또 이것은 자기들의 생존에 있어 안전하다는 것과 좀 더 편리하다는 것을 깨닫게 된 것이다.

그렇게 사는 동안 인간에게는 새롭게 큰 변화를 이루게 되는데, 그것은 농업의 발명이었다. 즉, 사람들은 하루 종일 사냥을 하면서 살아가는 것보다 토지를 갈아서 식량을 구하는 것이 훨씬 편리하다는 점을 깨닫게 된 것이다. 그래서 그들은 더 이상 여기저기 떠돌아다닐 수가 없었으며 그들의 토지 가까이에 마을과 도시를 형성하면서 정착하기에 이른 것이다.

그리고 농업은 또 다른 변화를 가져왔다. 토지에서는 그들이 먹을 수 있는 분량 이상의 식량을 생산할 수 있었고, 그 초과분은 저장할 수도 있었다. 이에 생활 자체는 그 옛날 수렵생활을 할 때보다 상당히 복잡한 양상을 띠게 되었으며, 이 복잡한 양상 속에서 점차 보이지 않는 계급층이 생기게 되는데 그것이 바로 그들의 관리자이거나 정치적 권력을 가진 지배계층이라는 것이다.

그리고 이렇게 생겨난 관리자나 정치적 권력자들은 점차 세력을 확장하여 부족의 족장, 왕, 귀족 등의 자리를 차지하게 되었다. 그들은 그들의 신분에 의한 권력(대개는 하늘이 내린 권력처럼)에 의해 노동자들이 생산해 낸 대량의 잉여 생산량을 그들이 만든 제도(조세제도)와 권력으로 나누어 가지게 되는데, 이것은 동서고금을 통한 어느 사회구조를 보아도 그들에게만 상당히 유리한 조건으로 분배하곤 하였던 것이다.

즉, 노동자들은 그들이 생산해 낸 잉여 생산물이 있음에도 불구하고 때로는 굶주리고 가난해야 했으며, 관리자와 정치적 권력자들은 실질적으로 생산에 필요한 노동에 조금도 기여하지 않음에도 불구하고 점점 더 많은 부를 축적할 수 있었던 것이다.

그리고 이러한 체제는 각종 국가와 사회 제도라는 것으로 점점 굳어져 가고 있었고, 나아가 이러한 생활에 익숙해져 가는 관리자들은 그저 그들이 타고난 신분에 의해 놀고먹는 계층인 것으로 오인한 사례도 얼마든지 있었던 것이다.

　즉 유럽의 중세시대 귀족 출신이거나 한국의 양반 계급 신분에 있던 사람들은 아무것도 하지 않고 빈둥거리며 살면서도 열심히 일하는 사람들에 의해서 생산된 많은 재화를 좋은 비율에 따라 배당받는 기이한 현상을 연출하곤 했던 것이다.

　이렇듯 일개 부족과 국가의 출현은 인간의 생활양식을 변화시켰다. 그리고 농업의 발달은 식량획득의 방법을 개량하고 그것을 새롭게 용이하게 함으로써 사회의 기초를 근본부터 바꾸어 놓게 된 것이다. 또한 그러한 현상은 사람들에게 여가 시간을 만들면서 여러 가지 더욱 복잡한 계급을 잉태시켰다.

　이에 따라 사람들은 대개가 실질적으로 식량을 생산한다든지 여러 가지 재화를 만드는 일에 치중하는 것이 아니라, 어떻게 하면 어떤 계급으로 올라서느냐 하는 데에 관심을 갖게 되었다.

　더군다나 이러한 계급의 분화와 함께 새로운 각종 직업이 생겨나고, 또한 전문 분야가 탄생하기도 하였던 것이다. 그 중에서도 종교와 학교 등은 처음에는 상당히 인간의 윤리적인 면과 그 사회의 도덕적 기준을 강조하는 듯하였으나 어느 틈

엔가 그들도 기존의 사회체제를 고착화시키는 데 기여하면서, 하나의 계급사회, 혹은 부를 축적하는 제도로 전락하고 마는 것이었다.

이렇듯 인간은 문명이라는 포장된 사회 제도 속에 또 다른 생활양식을 추구하고 있었다. 즉, 식량 이외에 거의 식량에 필적할 만한 다른 분량의 생활필수품을 찾게 된 것이다. 다시 말해, 생산 방법에 큰 변화를 가져온 인간은 또 다른 변화를 수반하게 되는데 그 변화가 바로 유럽을 중심으로 일어난 산업혁명이었던 것이다.

즉 산업혁명으로 인해 공장이나 철도, 혹은 움직이는 대형 증기선, 그 외에 각종 운송수단의 대 변화를 가져오게 되는데, 이러한 과정에서 인간은 또 다른 생활 패턴을 익히게 되는 것이다. 공장에서는 종전의 수공업자가 하던 것보다 더 좋은 품질의 재화를 대량으로 생산할 수 있었으며, 또 많은 재화를 운송수단의 발달로 여러 곳에서 물물교환을 할 수 있게 된 것이다.

그래서 인간은 끊임없는 부, 종전의 개념보다 훨씬 많은 부를 축적하게 되었고, 그 부로 인해 때로는 주체할 수 없을 정도로, 그리고 사회분명의 발전 속도가 엄청나게 빠른 속도로 전진하게 되었다.

물론 이러한 부의 축적 과정에서 지구의 환경문제라는 새로운 과제를 안게 되었지만 어쨌든 인간은 물질문명의 발달로 새로운 부, 더 많은 부의 축적이 과연 그 부를 생산하게 된 과정에 있던 사람들, 정확하게 이야기해서 근로자와 노동의 개념에 있었던 사람들에게 그 부가 골고루 돌아갔는가 하는 문제가 끊임없이 제기되고 있는 것이다.

즉, 수렵과 농업사회로 넘어오던 시대에는 부족의 장이나 국가의 관리자라고 하는 왕과 귀족, 혹은 양반이라고 하는 계급층에게 농민과 노동자가 생산해 낸 부를 그들이 원하든 원하지 아니하든 간에 다소 불공평하더라도 당시 사회 제도 안에서는 어쩔 수 없이 착취당하거나 빼앗기지 않을 수 없었던 것이다. 그러나 이러한 분배의 법칙, 불공평한 분배법칙임에도 불구하고 산업혁명 이후에 나타난 또 다른 계급, 즉, 자본가라는 전혀 예상치 못한 계급에 의해 인간이 쌓아 올린 부는 역시 엉뚱한 방향으로 더욱 치중되고 있었던 것이다.

물론 여기서 마르크스의 계급투쟁설이나 아니면 노동 잉여가치설 등을 언급하고자 하는 것은 아니다. 하지만 우리 사회에서의 보다 분명한 사실은 진보한 생산 방법에 의해 인간의 물질적 풍요를 가져온 것만은 틀림없는 사실이지만, 그러한 물질적 풍요로 인해 모든 인간이 다 같이 풍요로운 것이 아닌 만큼 여기에는 분명히 사회적 문제를 안고 있다는 것이다. 즉,

아직도 세계 곳곳에서는 극도의 빈곤과 기아에 허덕이는 사람들이 더 많다는 것이다.

예를 들어, 미국과 같은 부유한 나라에서도 그러한 빈곤계층이 있다는 것은 무엇을 의미하는 것인가? 다시 말해, 자본주의를 대표하고 인권주의를 부르짖던 미국에서조차 그 많은 부가 축적되었음에도 불구하고, 빈곤한 사람은 더욱 빈곤하여야 한다는 것, 그것은 무엇을 뜻하는가 하는 말이다.

나아가 과거에 노예제도의 폐지를 부르짖었고, 흑백 인종 문제로 인한 남북 전쟁까지 치렀지만, 그때의 노예 계급사회와 지금의 자본에 의한 빈곤의 계급사회, 즉 빈곤의 극한을 느끼며 사는 사람들과는 무엇이 다른가 하는 것이다.

그러면 이러한 문제의 축적된 부, 도대체 인간이 축적한 그 많은 부는 모두 어디에 간 것일까? 더욱이 문명이 발달할수록 인간의 부는 계속적으로 창조되는 데도 불구하고 빈곤한 자들은 항상 빈곤할 수밖에 없다는 것은 우스운 이야기가 아닌가?

물론 어떤 나라에서는 전체의 GNP가 높아 풍족한 문화생활을 한다고 하지만, 상대적으로 빈곤의 극한을 느끼는 계층이 더 많다는 것은 아무래도 같은 인간으로서 이해가 되지 않는 아이러니가 아닐 수 없다.

특히 이러한 축적된 부, 그 많은 부의 개념들이 대부분 정치적 권력자들과 소위 자본가라고 하는 일부 계급들에 의해서 편중되게 분배된다는 것은 우리 사회 구조 자체가 불공평하다는 총체적인 정황이 아닌가 하는 것이다.

그리고 더욱 묘한 것은 이들은 직접적인 생산과는 거리가 먼 것임에도 불구하고 분배 시에는 엄청난 비율로 가져간다는 것, 그리고 그들은 부의 축적 수단으로 더욱 지능화된 수단을 발휘하여 더 많은 계급을 계속적으로 만들어 간다는 것이다. 그래서 그들은 계급을 하나의 명예로운 것으로 여기기도 하며, 그 계급의 쟁취를 위한 인간 사회의 악을 끊임없이 발생시키고 있다는 것이다.

어쨌든 공장에서 일하는 노동자와 땀을 흘리며 일하는 농민들이야말로 식량과 재화를 창조해 내는 원래의 주인공임에도 불구하고 오히려 그들이 가난하고 비참한 생활을 하고 있다면, 이것은 뭔가 잘못되어도 크게 잘못된 세상임에 틀림이 없다. 더욱이 우리는 흔히 자유와 평등을 외치고 있지만 이 뒤집힌 세상에 남아 있는 빈곤을 보고 어찌 그것을 자유와 평등이라 할 수 있는가?

정치인은 정치인대로, 교육자는 교육자대로, 그리고 경영자는 경영자대로 적정한 부의 분배에 대해 끊임없이 많은 것을 논의 하고 있지만, 또 학자들마다 이러한 문제에 대해 매우 심각하게 거론하고 있지만, 지금 이 시간에도 그 부의 향배는 결코 공정하지 못하고 있다는 사실이다. 그리고 공존을 전제로 하는 인간들의 삶에 있어 이러한 것이야말로 우리들을 가장 슬프게 하는 현상들이 아닌가 하는 것이다.

결국 그러한 부의 향배, 그것은 모두 어디로 간 것일까? 앞장에서도 언급한 바가 있지만 바로 시장성 원리를 매개변수로 하고 있는 자본주의 사회, 즉 1인 정점만을 고집하고 있는 이러한 현상들이 바로 부의 편중을 가중시키고 있는 것이 아닐까?

특히 이러한 현상은 도박판의 포커게임과도 같은 것으로, 가장 끗발이 좋은 곳으로 자본이라고 하는 부가 모이게 되는데 이 게임에 필요한 룰(rule)이란 것이 바로 오늘날의 각종 사회 제도와 같은 것, 즉 우리는 우리도 모르게 인식되고 몸에 배어온 편향된 국가와 법, 학교와 종고, 군대와 경찰 등이라는 것이다.

다시 말해, 우리 사회가 가지고 있는 법이란 것이 무엇인가?

즉, 법이란 가진 자들의 사유재산을 지켜 주기 위한 것 이외에 어떠한 역할을 하는가? 또 학교와 교회는 무엇인가? 시장성 원리를 교육받은 사람들은 자본가 계층을 선호할 것이고, 교회의 설교자가 주장하는 설교의 내용은 이러한 부가 하느님이 내린 축복의 증거라고 치켜세울 것이 아닌가? 나아가 경찰은 가진 자의 착취적인 제도를 보호하고, 군인은 노동자들이 낸 세금으로 외국의 간섭을 막을 것이며, 또 예술은 가진 자들을 위해 극구 찬양의 노래를 부르며, 향락시설은 자본가들에게만 존재하는 전유물이 아닌가?

　바로 이러한 사회적인 제도, 그 제도들이 가지고 있는 원래 고유의 의미, 그 의미를 우리는 간과하지 않을 수 없지만 현실 사회에서는 그러한 고유의 의미는 사라지고 축적된 부가 편중되도록 엉뚱한 가치관과 엉뚱한 잣대로 고착되고 활용되고 있다는 사실에 놀라지 않을 수 없다.
　다시 말해 정치 권력자들이거나 자본가들, 소위 가진 계층에 있는 사람들은 이러한 법과 제도들을 최대한 활용하여 그들의 재산을 더 늘리고 확보하는 데 매우 유용하게 이용하였지만, 그에 반해 노동자와 농민들, 혹은 가난하고 굶주림에 시달리고 있는 사람들은 그러한 법과 제도들에 의해 오히려 더 큰 불이익을 당하고 있다는 사실이다.

즉, 현실에서는 무전유죄(無錢有罪), 유전무죄(有錢無罪)와 같은 희한한 법칙에 따라 보호받기는커녕 그림의 떡처럼 쳐다만 볼 수밖에 꼴이 되고 있으며, 더군다나 가진 자들은 가지지 못한 사람들을 무능력과 게으른 자의 표본으로 치부하고 있다는 사실에 놀라지 않을 수 없는 것이다.

특히 오늘날의 사회에서 선진국이라고 하는 국가일수록 그러한 개념과 환경이 더 널리 확산되고 있으며, 나아가 빈부에 대한 극단은 더욱더 벌어지고 있다는 사실이다.

그렇다. 그래서 참으로 야속하지 않을 수 없는 세상이지만 가난한 사람들은 가진 게 없으니 더욱 궁해질 수밖에 없다. 그러나 공존의 개념을 지키지 않는 어떠한 계층도, 또 국가를 포함한 어떠한 사회 제도 등도 그에 따르는 책임은 반드시 하느님의 법칙으로 떠안아야 할 것이다.

소위 우리가 말하는 반역이거나 혁명이거나 아니면 개혁이라는 것, 그 역풍에 의해 반드시 하느님의 법칙으로 다스려질 것이라고 믿기 때문이다.

어쨌든 다시 한 번 언급하지만 이러한 사회, 이 와중에서도 노동자와 농민이 만들어 놓은 축척된 부는 없다. 어디론가 사라진 것이다.

　어떤 형상으로 어떻게 사라졌는지 모르지만, 그 방법은 상당히 지능적이고 매우 교묘하게 마술처럼 거의 완벽에 가깝도록 사라져 버렸다는 사실이다.

『빵들은 말한다. "집착이 괴로운 것이라는 어느 노스님의 말씀처럼 이제는 잊을 수밖에 없다"고. 하지만 "잊으면 잊을수록 그리움만 쌓이는…, 잠시 잊을 수 있었지만, 또다시 그리움만 쌓이는…, 괴로운 집착이구나. 너 때문에 쌓인 눈물, 그리움만 쌓이는 괴로운 집착이구나."라고 하는 것은 바로 빵들의 슬픈 애환이 되었다.』

지금은 잊으려고
노력하는 중

　노회한 자본주의, 그것은 결코 장밋빛 이상이 아니었다. 그리고 교만하고 고집스러운 자본주의, 그것은 인간의 영원과 희망을 가져다주는 달콤한 보랏빛 꿈도 아니었다.

　인간이 태어나면서부터 느끼고 자각하였던 것들, 이 사회에는 이미 생존경쟁의 전략처럼 존재하였던 것이고, 군림하며 스며들어 있었던 것들이었다.

　그리고 이 세상에는 태초부터 창조와 파괴가 있었다. 우와 좌가 있듯이 정과 반이 있었고, 남과 여가 있었다. 그리고 전쟁과 평화가 있듯이 진보와 보수가 있었고, 시작과 종말이라는 것이 있었다. 나아가 하늘과 땅이 있듯이 음과 양이 존재하였던 것이다. 모든 것이 존재의 법칙으로 두 축이 되어 있었던 것이다. 부익부, 빈익빈과 같이 한쪽이 극한으로 달리면 다른 한쪽은 극치로 달린다.

　도덕적으로 얼마마한 무게를 가지느냐에 따라 인간의 인내와 능력은 시험의 무대 위에 오르고, 어떠한 과정과 방법을 선택하느냐에 따라 평화는 곧 전쟁이 되고 전쟁은 평화가 되었으며, 창조는 파괴가 되고 파괴는 또 창조가 되었다. 그리고 우는 좌로 좌는 우로, 음은 양으로 양은 음으로, 무궁무진한 신비의 세계처럼 변화무상한 혼돈의 법칙이 존재하고 있었다.

　다시 말해, 이러한 것은 창조의 시대 때부터 거듭 반복되어 온 것들이다. 지금 자본가 혹은 권력가라고 내세우는 위대한 명분들도 따지고 보면 과거와 현세에 어떠한 관계에 있었겠는가? 그리고 내세에는 어떠할 것인가. 때론 그들의 명분이야 만들고 내세우면 그뿐이지만, 본심은 희생과 봉사보다 야심으로 가득 차 있었던 게 본질이 아닌가?

　따라서 빼앗긴 권력과 빼앗긴 자유로부터 항상 착취의 대상이 되어 온 그러한 것들은 다시 투쟁과 파괴로부터 새로운 패러다임을 구축하려고 한다. 그중에서도 피지배 계급들의 고달픈 운명은 자본가들에게 잠식당했던 자유로부터 쟁취의 대상이다. 그래서 이 끝없는 논쟁, 극한과 극치를 달리지 말라는 것이다.

평화는 공존의 바탕 위에서만 가능하고, 창조는 보편과 특수의 융합으로, 평등은 우와 좌의 틀을 유지하면서 존재한다. 나아가 죽고 산다는 것도 따지고 보면 존재의 한 축이지만, 그모두가 자연의 섭리 안에 있었다는 것이었다.

그런데도 교활한 자본주의는 인간의 극치와 극한만을 고집한다. 공존의 법칙보다는 자신만을 강조하고, 2등을 제거하고 1등 구조만을 주장한다. 유일한 일등, 끝없는 일등, 영원한 일등이다. 너는 없고 나를 부각시키며 찬란한 내가 되기 위해서 사르는 너를 저주한다.

그러나 거칠 게 없이 질주하는 자본주의, 너의 오만과 고집스러움, 그 극한을 보고는 때론 이단의 논리처럼 반역과 혁명을 꿈꾼다. 역사는 변화의 한 축으로 그렇게 끝없이 강물처럼 이어져 내려오지만, 문명은 파괴로부터 또 다른 창조가 되듯이……

따라서 부정은 부정을 낳고, 극치는 극치를 낳는다. 반역은 반역을 낳고, 혁명은 혁명을 부른다. 피로 물들인 자는 피로 죽을 것이며, 자본을 즐기는 자는 자본의 극한을 맛볼 것이다.

애초에 있어도 없었던 나, 미미한 나의 존재로 교만한 너를 사르는 것처럼, 하나의 조직이 파괴되고 분해될 때마다 끝없는 원망과 분노가 남는다. 그리고 인간의 세상을 저주하듯 나는 너를 사르고, 너는 나를 사른다. 우리는 너희들을, 너희는 우리들을 사른다. 존재하는 모든 것, 인간의 것이라면 모든 것을 사르고 싶어지는 것이다. 그리고 잊고 싶어지는 것이다. 하나의 정점을 향한 평온의 노래를 부르면서…….

사르라. 그러면 남을 것이다. 내가 아닌 모든 것을, 그것이 가치이고 존재하는 것이라면, 너의 위대한 명분들로 가득 채워, 나를 위해 모든 것을 사르라.

혁명처럼 타오르는 욕망의 불꽃, 제거하면 자르고, 자르고 나면 제거하고, 존재의 모습들은 모두 재가 되도록 사르라.

아! 남은 자들이여, 위대한 명분들이여, 결코 교만하지는 말라. 그래도 인간의 이기심에 약간의 동정이라도 있다면, 최대의 빈곤도 최고의 결핍도, 남길 수가 있으리.

있어도 좋고 없어도 좋을, 사라졌다가 나타나고 나타났다가 사라지는, 나는 너를 위해 한 조각 불씨처럼 죽어서도 남으리라. 꺼지지 않는 반역의 불꽃처럼 사르면 사를수록 재가 되어 남으리라.

인간의 영원을 위해 던진 한 조각의 편린들, 그것은 또 다른 집착, 무의식 속의 만남이다.

아! 괴로운 집착, 무의식 속에 만난 너의 존재가, 잊으면 잊을수록 다가와 있는 너의 존재가…, 내가 아직도 살아야 할 것인가에 대한 의혹이다.

그러나 때론 용서하고 눈을 감아 본다. 무심한 척 잊으려고도 해 본다. 어쨌든 보지 않으며 잊으려고 해 본다. 애써 차갑게 돌아서면서 재가 되어 남은 나를, 실망하길 바라면서…….

하지만, 잊으면 잊을수록 그리움만 쌓이는…, 잠시 잊을 수 있었지만, 또 다시 그리움만 쌓이는…, 괴로운 집착이구나. 너 때문에 쌓인 눈물, 그리움만 쌓이는 괴로운 집착이구나.

아! 무거운 마음, 사르고 나면 남은 것들이, 무슨 명분이 된다고, 부초 같은 인간의 영원에 그리움만 쌓이는구나.

잊으라. 생각나는 모든 것, 혁명처럼 타오르는 불꽃을 보면서 찢어지게 가난함을 잊으라. 지금은 창조의 시대, 너의 음흉한 파괴를 보면서, 내가 아닌 모든 것을 잊으라.

그리고 또 잊으라. 물오른 동해의 바다로…, 쌓이는 그리움을 잊으라. 살찐 풍어의 노래를 부르며, 너의 교만과 위대함이… 노가다 판에서도 뒹굴고 있을 황량함을 잊으라. 그래서 지금은 잊어 주는 것, 나의 존재는 내 가슴에서 너를 잊어 주는 것이다.

그러나 기억하라. 잊어 주는 나를 기억하라.
네가 나의 운명을 모르듯이 나는 너의 기본을 모른다.
무의식중에 던진 편린, 한 조각의 삶에 대한 의혹들, 회칠한 무덤의 그것처럼 나는 나의 모든 내면을 뒤집어 확인하고서야 까닭과 이유를 안다.
그리고 시험하지 마라. 절대 나를 통해서 너희가 시험하지 마라. 나는 나대로의 방식과 습관이 있고, 너는 너

대로의 운명이 있다. 단지 지금은 너의 위대한 자본주
의를 잊으려고 하는 중이라는 것이다.

『빵들도 촛불 민심을 보고 있다. 그리고 사과 농사를 짓
고 있는 우리 농부들, 왜 부자가 되지 못하는지에 대한
이유도 묻고 있다. 모든 것은 사회 제도적 문제인가? 아
니면 정치 권력자들의 부패성 때문인가? 많은 것들이
스치고 지나가지만 그 정확한 결론은 '혁명은 변두리 시
골 빵집에서 시작된다.'라고 하는 것이었다.』

황당한 농부의
황홀한 착각

　정확히 지적하자면 자본주의 사회에서 우리는 부자가 되기 매우 어렵다. 다시 말해, 우리 사회 구조 자체가 그렇게 짜여 있기 때문에 농민들의 노력과 노동자들의 땀은 모두 헛수고가 될 가능성이 크다.

　왜냐하면 먼저 자본주의란 포커 게임의 도박판과 매우 흡사하게 닮아 있기 때문이다. 포커판과 닮아 있는 자본주의는 끗발과 자본이 있어야 하는 것이 기본인데, 보통 흙 수저로 태어난 우리들은 금 수저와 달리 끗발은 고사하고 기본적인 자본, 즉 종자돈마저 없다. 그러니 아예 포커 판에 참여할 기회마저 없어 부자가 되기 어렵다는 것이다.

바로 이러한 자본주의 속에 살고 있는 황당한 농민들의 황홀한 착각을 한번 살펴보자.

내가 살고 있는 청송군에서는 특히 사과가 많다. 사과 농사를 짓는 많은 사람들은 여름 내내 열심히 일을 하고 땀을 흘린다. 그리고 알맞은 일조량에 알맞은 비가 내려 사과가 익을 때면 정말 아름답고 많이 열리는 풍년이 되기를 기대한다. 즉, 예년보다 2배 정도의 더 큰 수확을 올릴 것으로 예상하고 불어날 수입에 대해서도 황홀한 기대감으로 가득 차 있을 수 있다.

그러나 실제로 사과가 익어 가는 가을이 오면, 탐스럽고 많이 열리는 아름다운 풍년이 오는 것보다, 경매장에서의 사과값이 과연 얼마나 나올까 하는 것에 더 큰 관심이 집중된다.

왜냐하면 가을 수확기에 사과가 풍년이 되면, 경매장 사과값은 오히려 폭락을 해 버리는 기이한 현상들이 종종 나타나기 때문이다. 쉽게 이야기해서, 태풍이 오거나 우박이 내려 흉년이 들 때보다 풍년이 든 때가 총체적인 수입에 있어 더 마이너스가 되는 기이한 현상이 오기 때문에 농사를 짓고 있는 농부의 입장에서는 너무 어이가 없고 황당해질 수밖에 없다는 것이다.

이러한 현상은 수없이 많이 있어 왔다. 다시 말해, 농부 자신의 황홀한 기대감이 대단히 큰 착각이었다는 사실을 깨닫는 순간, 더 이상 농작물에 대해 쳐다보기조차도 싫어지는 현상이 생긴다는 것이다.

따라서 양파 농사를 짓던 사람이 수확기에 그 양파 밭을 갈아엎어 버린다든지, 배추농사를 짓던 사람이 배추밭은 그대로 갈아엎어 버리는 것은 대개가 이런 현상 때문이라는 것이다.

그렇다면 이러한 기이한 현상, 이런 허탈한 현상을 누가 만들어 내는 것일까? 그것은 바로 자본주의라고 하는 속성 때문에 어쩔 수 없이 일어나는 현상인데, 농민들은 그들의 황홀한 기대감에 잠시 착각을 했다는 것이다.

다시 말해, 자본주의와 닮은 경매장의 속성은 돈을 가지고 있는 자본가들의 보이지 않는 손이 작용하기 때문에 풍년이 들 때에는 농부들이 과다 출혈 경쟁으로 농산물 값이 폭락할 것임을 이미 다 예견하고 있다는 것이다.

즉, 그러한 상황에서 자본가라고 하는 유통업자들은 그들의 더 큰 이익을 위해서 어떻게 하든 더 싼값에 매입을 하려고 하는 것은 너무나 당연한 이야기라는 것이다. 반면 농부들은 언제나 최고가의 가격을 받고 싶어 한다.

그러나 이미 사과가 풍년이 들어 흔하다는 사실을 빤히 아는 유통업자들은 농부들의 사과를 쉽게 구매하지 않는다.

결국 이 눈치 저 눈치를 보던 농부들은 시간의 흐름에 따라 최악의 가격에 덤핑 처리를 할 수밖에 없는 딜레마에 스스로 빠져 버린다는 것인데, 여기에는 농산물이 생물이라는 점과 농부들의 자본력이 짧다는 점도 동시에 작용한다.

만약 그렇지 않다면 위의 양파농사와 배추농사처럼 갈아엎어 버리든지 아니면 그냥 썩혀 버릴 수밖에 없는 현상은 결코 발생하지 않을 것이다.

따라서 농민들은 자본주의 속성, 즉 경매장에서 오는 이 기이한 현상들의 경험으로 이제 풍년이 오는 것보다 차라리 우박이나 태풍에 의해 흉년이 오기를 더 기대하는 희한한 아이러니가 생길 수밖에 없다는 것이다.

그렇다. 그래서 열심히 일을 하여 풍년이 오는 것보다, 적당히 일을 하고 우박이나 태풍이 오기를 기다리는 이런 기이한 현상들 때문에 우리는 무엇이 사회 정의이고, 올바름의 가치관인지 도무지 정립할 수가 없다.

특히 학교에서는 항상 성실하고 열심히 일을 하면서 정직하게 살라고 하였지만, 그러한 정직과 성실이 우리들의 삶에 어떤 도움이 되는지 정말 이해가 되지 않는다는 것이다.

문제는 이러한 자연재해나 사회 문제에 대한 폐단을 조정하고 대안을 마련해야 할 정부 관리자들, 혹은 정치가들, 조합장들, 그들의 '역할이 과연 무엇인가'라고 하는 의문을 가지지 않을 수 없다는 것이다.

쉽게 이야기해서 경매장은 자본가인 유통업자와 농민들 사이의 협상 가격을 조정하는 투쟁의 장인 것이다.

바로 마르크스는 이러한 현상을 자본가 계급(부르주아)과 노동자 및 농민 계급(플로레타리아) 사이에 일어나고 있는 치열한 계급투쟁으로 간주하여 왔었던 것이다.

그리고 이 과정에서 그 중간자 역할을 해야 하는 계층들이 있는데, 그것은 바로 '국가와 정부, 법과 규칙, 경찰과 군대, 학교와 종교'라고 하는 공익성의 조직들이라는 것이다. 즉 이들이 어떤 자연재해나 사회적 문제 등등을 고려하여 경매장에서 일어나고 있는 폐단에 대한 대안을 마련해야 할 의무가 있음에도 불구하고 그러한 역할을 전혀 하지 않음으로 인해 농산물 가격은 똥값으로 떨어질 수밖에 없는 현상이 발생한다는 것이다.

다시 말해 정부에서는 공익적 차원의 정책으로 최소한의 수매를 한다든지 아니면 임금 노동자의 최저임금을 정하는 것과 같은 최저 단가제 등을 제대로 실시하지 않음으로 인해서 자본이 없는 농민들은 상대적으로 최악의 상황으로 내몰릴 수밖에 없다는 것이다.

그래서 우리는 위와 같은 현상이 발생하는 자본주의 사회에서는 부자가 되는 것은 고사하고 임금과 농산물 가격을 제대로 받을 수조차 없어 가난의 대물림은 끝없이 이어지고 있다는 것이다.

그리고 이러한 원인에 대해 마르크스는 그 중간자 계급들, 즉 '국가와 정부, 법과 규칙, 경찰과 군대, 학교와 종교' 등등이 부패했기 때문에 일어나는 현상이라고 주장 하였으며, 이에 대한 처방책으로 그 모든 것들의 붕괴를 주장하기도 하였던 것이다. 그러나 이는 너무 과격하고 선동적이었으며, 또 구호적 성격에 가까웠기 때문에 동 유럽 국가의 사례와 같이 모두 실패하고 말았던 것이다.

나아가 그의 주장이 너무 극단적이었기 때문에 오늘의 북한과 같은 이상하고 희한한 괴물 국가가 남아 있는 것이라고도 할 수 있는 것이다.

어쨌든 그가 주장했던 '국가와 정부, 법과 규칙, 경찰과 군대, 학교와 종교'의 부패성애 대해서는 수많은 학자와 정치가를 비롯하여 일반 시민들에게까지 그것이 동의되고 있어, 오늘날 대한민국에서는 촛불 민심이라는 것으로 들끓고 있다고도 할 수 있는 것이다.

결론은 황당한 농부의 황홀한 착각처럼 우리는 계속 그렇게 살수는 없다. 그렇다고 마르크스의 논리처럼 모든 것을 붕괴시켜 동유럽 국가들의 실패와 같은 전철을 밟을 수도 없다. 다시 말해 우리는 민주공화국이면서 자본주의 속에 살고 있다.

즉 민주 공화국의 주권은 국민에게 있고, 그 주권에 의해 움직이는 나라다. 앞서 언급한 정부 관료들, 정치가들, 하물며 변두리 시골 농업조합장들마저도 주권이 노동자와 농민들, 즉 국민에게서부터 시작된다는 점을 명심해야 한다는 것이다.

쉽게 이야기해서 정부관료들, 정치가들, 변두리 유통 조합장들, 그들이 노동자와 농민들의 억울함을 달래기는커녕 혹 군림하지 않았는지에 대해 다시 한 번 되돌아보아야 한다는 뜻이며, 경매장에서 일어나고 있는 농산물 가격의 폭락에 대한 대안 마련 등은 하루라도 늦추어서는 아니 된다는 뜻이기도 하다는 것이다.

나아가 타고 있는 촛불 민심을 바라보면서 정부 관리자들, 혹은 조합장이라고 하는 사람들, 그들은 농민들이 몰아 준 선거의 표에 의해서 당선된 사람들이며, 농민들이 낸 세금에 의해서 급여를 받고 있다는 점을 결코 잊지 말았으면 한다.

『촛불 시위로 온 나라가 어수선하다. 그래서 걱정이 많은 빵들이 말한다. 빵집 혁명 이후의 이 나라는 어떻게 될 것인가. 유산으로 남은 대한민국 삼천리강산, 이 유산을 어떻게 할 것인가에 대한 것을 빵들이 묻고 있었다. 그래서 내가 답했다. '신세대, 너는 이 나라의 꿈'이라고, '혁명 이후, 더 좋은 나라를 우리 신세대들이 그래도 잘 지켜 줄 것'이라고..』

신세대,
너는 이 나라의 꿈이다

　언제 어디서나 컴퓨터 게임을 즐기는 세대, 노랑머리에 힙합댄스까지 오직 즐기며 산다. 어떻게 보면 머리가 빈 아이들⑴ 같이 생각되지만 그들은 그들의 세계에서 다양한 개성과 본능을 가지고 산다. 튀는 유행을 만들어 내고, 왕성한 소비욕구에 자신들만이 가지는 내면의 세계, 진지한 고만과 같은 복잡한 논리를 싫어한다.

　일명 '콘텐츠 제네레이션(Content Generation)'이라고 하는 C세대, 즉 '신인류'라고 하는 10대들, 그들이 몰려오고 있는 것이다.

　그래서 C세대는 자기가 좋아하는 분야에 매몰돼 살아가는 중독세대를 가리키며, 이들은 80년 이후 베이비 붐 시기에 태어나 2천 년대의 주역으로 등장할 Y세대의 또 다른 표현이라고도 한다. 그리고 Y세대가 X세대 이후의 포괄적인 개념이라면, C세대는 Y세대 이후의 새로운 경향 내지 극단적 개념으로 해석된다는 점을 『C세대, 하고 싶은 일 누가 뭐래도 한다』에서 밝히고 있다.

그렇다. 세기의 말, 새천년의 문턱에서 자신들만의 특수한 세계와 전문성을 개척하는 그들, 사회적 가치나 공동체 의식 같은 것은 도무지 찾을 수가 없다.

단순하고 순진하며, 튀는 개성에다 화려한 의상, 현란한 조명, 수많은 시선을 마주하며 사는 그들. 그들이 가지고 있는 개인주의와 합리주의, 그리고 편리주의가 오히려 현명한 판단이라고 하는 이도 있다. 그러나 컴퓨터 게임기와 오락, 휴대폰은 기본이고 디지털 무기로 무장한 세대, 자신의 내면적 가치에만 몰입해 들어가는 독특한 세계를 전면에 내세우는 그들은 오직 그들의 세계밖에 모른다.

그러나 얼마 후면 이들이 주도하는 새로운 시대, 자신의 관심에서 벗어나면 무관심을 드러내고, 집단이나 공동체와는 거리가 있는 세대, 그들이 지구의 곳곳에서 몰려오고 있는 것이다.

때로는 TV에 잠깐 나왔다가 얼떨결에 벼락 스타로, 그리고 노래가사에는 입만 열면 '사랑' 아니면 '삐딱', '성(性)과 섹스'는 존엄의 개념이 아니라 무한정 즐기는 유희의 개념으로 사는 그들, 그들이 즐겨 부르는 랩과 댄스에는 누가 뭐라고 하든 그들만 좋으면 상관하지 않는다고 하는 세대, 그들을 통해 우리는 새로운 시대의 꿈을 꾼다.

그러나 다른 한편 그들만이 가지고 있는 '특유'의 시장에서 달콤함과 그리움, 상처, 행복등도 만날 수가 있다. 즉 신세들의 사랑이야기 '사랑 특유의 전(展)'에서 일정한 사물이나 감성만을 특별히 갖추고 있음을 느낄 수가 있는데 유망한 젊은 작가들과 실험적이고 창의적인 신예미술인들의 '사랑 이야기'는 주목할 만한 것이다.

다시 말해 그들은 먼저 달콤한 초콜릿의 작품으로 관객들의 눈길을 끈다. 즉 하나의 아크릴 판에 초콜릿으로 만든 알파벳을 부착하여 문장으로 만든 것이다. '행복의 비밀은, 자신이 좋아하는 일을 하는 것이 아니라 자신이 하는 일을 좋아하는 것이다'라는 메시지는 바로 초콜릿처럼 달콤하게 다가오는 여운을 주는 맛이다. 특히 옆에는 관객들이 먹을 수 있는 초콜릿도 함께 마련되어 있다.

또 다른 작품, '바셀린'을 이용해서 청소부 아저씨 모형을 만든 것도 있다. 작품 제목을 '치유'라 하여 관객들이 실제로 아픈 부위에 이 작품을 바를 수 있도록 한 것이다. 오늘날 같이 복잡한 사회에는 우리 모두 상처를 안고 산다. 바로 신세대들의 '사랑 이야기' 초콜릿과 바셀린을 통해 관객과의 독특한 방식으로 소통의 방식을 배울 수 있는 것, 그리고 꿈속에서나 볼 법한 신비로운 꽃이 사랑을 노래하고 있는. 최현주 작가의 '사랑이 꽃피는 정원'에서는 꽃의 핵 속에는 반짝이는 큐빅이 박혀있어 아름다운 사랑의 감정을 극대화 시켜주기도 한다. 즉 젊은 연인들에게 달콤함을 어필하는 신세대의 작품들이다.

또 연인들이 담벼락에서 뽀뽀하는 장면으로 굉장히 코믹하게 표현되어있는 최석운 작가의 작품은 누구나 봤을 법한 익숙한 풍경으로 소통이 아쉬운 불통의 시대, 작가의 손으로부터 특별하고 재밌는 순간으로 탈바꿈 하여 관객과 작가가 직접 소통하게 하기도 한다.

어쨌든 톡톡 튀는 신세들의 사랑이야기, 미술과 공연예술, 랩과 팝송, 댄스 등 모든 곳곳에서 새롭게 다가서기도 한 C세대, 그들이 주제로 한 거침없는 성의 대사에다, 오직 10대 문화의 극단적인 단면을 보여 주는, 사랑보다 아름다운 유혹이 흘리는 유희들이다. 그래서 사랑도 이들에겐 하나의 소재일 뿐, 성숙의 고통 따위와는 애당초 거리가 먼 것 일수도 있다.

나아가 노랑머리에 힙합댄스를 즐기고 컴퓨터 게임에만 몰입하고 있는 그들, 그들은 20세기 성(性)의 혁명으로부터 더욱 자유로워지고 있는 것이다. 과학의 발달로 출산의 고통에서 분리된 성적 쾌락, 비아그라의 등장과 함께 20세기를 마감하면서 일어난 센세이셔널한 사건임에 틀림이 없는 사실이다.

더욱이 도덕과 전통이 붕괴되는 대가보다 클린턴 대통령과 모니카 르윈스키가 일으킨 성추문은 10대들의 감성에서 보면 오히려 세기의 추억거리로 남는 아름다운 스캔들이었던 것이다.

이러한 신세대, 그들은 때로 호러(공포) 영화에서도 잘 나타나 있다. 즉 성적 쾌락이 있은 후, 살인을 유희처럼 즐기는 풍경은 흔히 볼 수 있는 장면들이었다. 날뛰는 살인마, 핏빛 공포, '오리지널보다 시체가 더 많이 쌓이고, 더 잔인하고 더 피가 튀고, 플롯이 꼬인다.'고 하는 호러 영화의 법칙, 지나간 영화지만 〈나이트 메어〉가 그랬고 〈13일의 금요일〉도 그러했으며, 웨이스 크레이븐 감독의 〈스크림〉 시리즈를 '메타 호러 영화'로 부르는 이도 이러한 이유를 담고 있는 것이다.

춤과 음악 등으로 쾌락을 탐닉하고 뒤틀린 감수성은 현란한 표출로 이어 가는 신세대들의 이야기, 마치 컴퓨터 게임에서 아무 이유 없이 살인을 하듯, 그들만이 가지는 유희들인 것이다.

나아가 공부는 공부, 춤이면 춤, 록그룹에 빠져 그만의 세계에 몰입해도 '나는 나, 너는 너'라고 답한다. 그리고 잘하는 게 컴퓨터밖에 없으니 '컴퓨터 밥을 먹고 산다'고 하는 신세대, 그들은 '스타그래프트 게임에 빠져 밤을 꼬박 새워도 오히려 배틀넷에서 시합을 할 때면 더욱 짜릿함을 느낀다고 한다.

한편, 소비욕구가 왕성한 쇼핑 마니아 C세대, 그들은 이제 소비에서도 대접받는 주인공 중의 하나이다. 컴퓨터에서 패션, 음악까지 자신이 몰두하는 분야에서는 아낌없이 투자한다고 하는 10대들, 오히려 세미힙합과 복고, 밀리터리 룩과 공주풍까지 다양한 유행을 동시에 추구하면서 사는 10대들, 한 가지 패션으로 만족하지 못할 만큼 강한 구매력을 가지고 있다고 한다.

특히 외모 중독증(?)에 걸린 신세대들로 인해, 화장품업계에서도 트윈케익과 마스카라, 염색약 등을 잇달아 내놓고 경쟁을 벌이고 있다고 한다. 따라서 업계에서는 10대들이 없으면 존립 자체가 어려운 실정이라면서 "C세대를 잡아라. 새로운 시대를 앞둔 지금, C세대는 내일이 아니라 오늘의 주인공!"이라고 열광한다.

그렇다. 하고 싶은 일은 누가 뭐래도 하고 마는 C세대, 자신이 좋아하는 것은 주위로부터 어떤 평가를 받는지에 대해서는 신경을 쓰지 않는다는 것이 이들만의 특징이다.

'좋은 것만 있으면 무인도에서도 살 수 있다.'고 하는 세대, '어른들은 우리를 별종(?)으로 보지만 친구들에겐 부러움의 대상'이라고 한다. 자신들의 세계를 소중히 여기고 노력하는 자세가 전매특허인 그들은 그들만의 특수한 세계와 전문성을 개척하며 산다.

합리적이고 현명한 사고에 길들여져 있지만 진지하게 고민하고, 깊은 내면의 철학까지는 생각하지 않는 게 그들이다. 좋다고 생각하면 그대로 행동으로 옮기는 세대, 별종이 아니라 그들의 내면적 가치에만 몰입하여 사는 것이다.

그러나 세기의 말, 21세기, 새 시대에 그들이 몰려오고 있다. '나는 나, 너는 너'라고 하는 신세대들, 자신의 관심에 벗어나면 무관심의 대상이지만 단 자신의 내면세계에 몰입하면 누가 뭐래도 하고 마는 그들이다.

언제나 하고 싶은 일에만 매달리는 신세대의 꿈…, 그들의 춤과 노래, 뉴패션과 스타일, 컴퓨터 게임과 살인의 유희들, 그리고 노랑머리 배꼽티, 그들 자신에만 몰입하는 신세대의 꿈은 우리 모두에겐 내일의 꿈인 것이다,

지구의 끝…, 우주의 종말이 온다고 해도, 그들을 이해하지 못하는 우리들의 가장자리에는 오히려 소중한 빈자리를 메울 수밖에 없는 이 나라의 꿈인 것이다.

별종이라 불리는 신세대, 그들이 새 시대를 이끌어 갈, 이 나라의 꿈인 것이다.

4.
혁명은 변두리
시골 빵집에서 시작된다

『빵들이 경제청문회를 열고 있었다. 말썽 많은 부패의 주범들에게 명확한 책임을 추궁하기 위한 자리였다. 그러나 여당 단독 청문회의 자리에서 좀처럼 진범이 누구인지 가려지지가 않는다. 오히려 전임 경제책임자들의 변명과 함께 그들의 입장에 대한 합리성만 제공하고 만다. 결론적으로 무능과 직무유기를 추궁하려고 했던 의원들이 그 무능과 직무유기가 자신들의 몫이었다는 것만 확인하고는 실속 없는 청문회는 끝이 나고 말았다. 나아가 질문을 하는 의원이나 답을 하는 증인들이나 아무도 책임감을 통감하는 사람은 없었고, 진검승부를 가리려고 했던 애초의 시작이 잘못되었다는 것을 깨닫기 시작한 것이다.』

자본주의여
반성하라

토요일 오후, 찬바람마저 부는 쌀쌀한 날씨였다.

그러나 이궤산 박사는 감정이 치솟았다. 도대체가 되는 것
도 없고 안 되는 것도 없고, 그저 밋밋한 세상이 밉살스러웠
다. 죄 없는 노동자들만 정리해고와 퇴출로 거리로 거리로 나
앉게 된 것이다. 그래서 흥분을 감추지 못하고 분노가 일었다.

서서히 끓어오르는 분노! 굉장한 분노였다. 집착이 괴로운
것이라는 어느 노스님의 말을 늘 철학으로 삼아 왔음에도 불구
하고 분노가 요동친다. 아무리 자제하려고 해도 신(神)이 아닌
인간의 모습으로서는 끓어오르는 분노를 억제할 수가 없었다.
분출된 화산의 그것처럼 시뻘건 피와 같은 용암을 무한정 쏟아
내고서야 이유 없는 까닭은 자연의 섭리로 돌아섰지만 그것은

상상하기조차 힘든 것이었다.

그러한 분노의 감정 뒤엔 언제나 고독이 따른다. 철저한 고독, 보통의 사람들처럼 별다른 차이도 없었으나 삶의 의미도 잃고 있었다. 어쩌면 목숨이 붙어 있다는 것 자체가 커다란 부담이 되고 있었으며, 사선(死線)을 넘나드는 사경(死境)에서도 붙어 있는 생명은 하나의 치욕이었던 것이다.

따라서 나는 지금, 조용히 내 혼에 잠들고 싶다. 많은 것이 지치고 스러진 다음에 그들의 위선(僞善)을 보고서야 남은 육신들마저 피곤함을 느꼈기 때문이다.

그러나 내 잠든 무덤에,
너! 따위가, 나의 혼을 욕하지 마라!
이 지구상의 모멸들이 잠든 내 혼을,
내 혼을 비웃는다면
나의 혁명을 맛볼 것이기 때문이다.

지독한 독신, 독신(篤信)의 심정이었다. 지금 이궤산 박사에게 남은 것이라곤 그러한 독신밖에 없다. 세상에 돌아가는 이치들마다 분노의 힘만을 더하였고 붉은 피 맛을 본 굴욕들은 어떤 혁명을 부르짖고 있다. 아울러 매일매일 보는 신문 지면마다 사건 사고로 얼룩져 있고, 사회체계는 신자본주의와 독점자본주의, 시장원리를 내세운 인간의 이기심만을 자극시키고 있다. 때로는 돼먹지 않은 정치가 저들끼리 지지고 볶고, 애걸복걸하면서 우리의 삶을 엉망으로 만들고 있었던 것이다.

한마디로 '건전한 사회', 이 지구상의 모든 논리와 주장들은 건전과 도덕을 외쳤지만 실제로는 엉망진창의 사회인 것이었다. 그중에서도 시장 원리주의를 내세우는 신자본주의가 그 대표적인 셈이다. 즉, 건전과 신용이란 전제로 모든 경제는 자본의 집중, 대자본의 형성만이 유일한 대안으로 제시되고 있다. 다시 말해, 거기에는 '인간의 존엄'이란 없었다.

그래도 사람들은 부익부 빈익빈의 현상을 "건전한 사회"라고 믿고 있었던 것이다.

그렇다. 혁명을 할 줄 모르는 반역자들! 그들은 그들만의 합리성과 복잡한 논리에 의해 아직은 혁명을 모른다. 자신들의 존재를 위해서 똑같이 닮은 자본주의자를 신봉하거나 아니면, 그들의 하수인으로 남은 잔류파들이었다. 그래서 이궤산 박사의 배알은 더욱 뒤틀린 것이다. 그리고는 울분을 참지 못해 집을 나와 버렸다.

　오후-, 모든 정적이 멎은 오후, 그래도 자본주의 사회는 잘
돌아가고 있었다. 괜스레 아무도 탓하지 않은 그것을 두고 이
궤산 박사, 혼자만의 가슴만 벌렁거리고 있었다. 그래서 헝클
어진 마음을 주워 담으면서 그만의 세계, 혼자만의 조그만 꿈
을 꿀 수 있는 그만의 세계, 늘 산책을 하던 산으로 갔다.
　그리고 숲이었다. 바람 한 점 없는 아늑한 이궤산 박사만의
숲이었다. 밤나무가 있었고, 참나무도 있었으며, 길게 뻗은
소나무도 있었다. 그리고 물오른 상수리나무와 조그맣게 자리
잡은 싸리나무도 있었다. 언제나 그랬던 것처럼 이궤산 박사
가 오면 그들은 항상 즐겁게 반겨 주었다. 그리고 그중에서 나
이가 제일 많은 참나무 그늘 밑에는 그들의 모든 시야가 집중
될 수 있는 큰 바위의 연단이 있었다.
　그래서 이궤산 박사는 가쁜 숨을 몰아쉬고는 서서히 연단 위
로 올라섰다. 그리고 심호흡을 크게 한 번 하고 나서는 목청을
가다듬었다. 청중들은 길게 뻗은 소나무를 중심으로 하여 크
고 작은 숲을 이루고 있는 수많은 나무들, 이궤산 박사는 그들
을 보고 소리를 내갈기기 시작했던 것이다. 즉, 이궤산 박사를
절대적으로 지지하고 있는 유권자 동지들로 보였던 그 많은 나
무들을 향해서 소리를 내갈기기 시작했다.

오늘 자리를 함께한 동지 여러분! 이 자리는 참으로 뜻 깊은 자리라고 생각합니다. 여러분 자의에 의한 구국의 결단이 어쩌면 이 나라의 국운을 좌우할 수 있는 새로운 출발점이 될지도 모르기 때문입니다. 특히, 지금 국가적으로 가장 큰 문제가 되고 있는 것은 만생과 경제 문제가 아닙니까?

기업의 구조조정 문제와 금융시스템의 경색을 하루 빨리 해결하여 1,000만에 가까운 근로자들이 안심하게 일을 할 수 있도록 해야 하며, 200만에 가까운 실업자들에겐 일자리를 주어야 하는 게 절대 절명한 과제가 아닙니까?

그런데 여러분! 어떻습니까.

민생법안 문제와 경제 문제를 해결해야 할 정치권이 지금 무엇을 하고 있습니까. 국민이야 죽든 살든, 정치권은 여·야의 세력 싸움만 계속하고 있습니다.

농성과 장외집회로 "정치 사찰이다, 정계 개편이다." 하고 국민은 없고 그들의 논리만 펴고 있다는 말씀입니다. 이것도 국민을 대변하는 국회라고 할 수 있겠습니까.

그리고 자본주의…, 이 나라에 IMF는 왜 닥쳤습니까?
무능한 정부와 정치권이 환란에 대한 예고와 경고가 있
었음에도 불구하고 이를 무시하는가 하면 그에 따른 적
절한 대처를 하지 않았음이 가장 큰 원인이 아닙니까.
더 나아가 그러한 금융위기의 배경에는 외부 정보의 무
지와 내부 정보의 독점, 금융기관에 대한 감독 체계의
부실, 정책 결정 과정에서의 비민주적 방식 등, 총체적
요인이 있어 왔지 않습니까.

그리고 그 외에도 국내외의 환투기꾼, 미국 신용평가회
사들이 남발한 무분별한 신용등급 등이 우리 경제의 악
화를 더욱 부채질하지 않았습니까? 결론적으로 세계 각
국의 환란에 대한 원인은 이러한 원리를 신봉하는 자본
주의라는 사회 구조 속에 있었다는 것입니다. 또 그러
한 자본주의는 가진 사람이 더 많이 가지게 되는 부익
부, 빈익빈의 현상을 초래하였고, 그것은 다름 아닌 자
본 집중에 의해서만 경쟁력을 더 많이 가진다는 게 그
실체였던 것입니다.

여러분!
그런데 이러한 자본주의가 지금 지구의 도처에 확산되
고 있습니다. 우리가 상식으로 생각하여도 이것이 인간

의 삶에 대한 하나의 방법이었지, 모든 이상을 가져다 주는 유토피아는 아니지 않습니까? 그러면 이러한 문제, 자본주의의 도덕성과 그 역작용, 나아가 민생과 관련된 국민의 삶에 대한 질은 누가 개선하고 리드하며, 꿈과 희망으로 비전을 제시해야 하겠습니까?

즉, 그러한 전담기구를 우리는 '정치'라 하지 않습니까? 나아가 정치란 원래 모두가 잘 살자고 하는 이상이지 않습니까? 더불어 공익을 위해서, 공통 분배에 다 같이 잘 살자고 하는 게 사회이고 국가이며, 그것이 역사이고 문화이지 않습니까?

그런데도 말입니다. 작금의 정치권은 국민들의 이상적 삶에 대해서는 안중에도 없고, 국가의 경제적 논리는 오히려 역작용하는 자본주의에 의해 거대한 공룡의 모습으로 자꾸만 빠져들고 있다는 것입니다. 여러분도 아시겠지만 과학의 세계에서 지구상의 공룡은 어느 날 갑자기 사라져 버렸다는 사실을 기억하시리라 생각합니다.

그래서 이러한 까닭으로 교황 요란 바오로 2세는 이미 모든 가톨릭교회에 대해 경고문을 내고 있습니다. 자본주의의 착취성과 사악성에 주의를 기울일 것을 촉구하면서 "사제들은 가난한 자들이 아니라 가진 자와 권력자들을 대상으로 교리를 전파해야 한다." 그리고 "신자유주의가 확산되고 있다고 밝히면서 신자유주의는 이익과 시장의 법칙을 유일한 매개변수로 간주하는 경제적 인간의 개념에 바탕을 둔 제도"라고 우려하고 있습니다. 나아가 지금 우리는 "마르크스시즘이나 해방신학을 우려할 것이 아니라 이제는 거칠 것 없이 질주하는 자본주의에 있음"을 강력히 경고하고 있는 것입니다.

이러한 경고문은 또 하나 있습니다. "미 시장주의 강요는 위험한 발상"이라는 일본 사카키바라 에이스케 재무관은 "미국식 글로벌 질서에 의한 금융 공격으로 아시아식 질서가 뿌리째 흔들리고 있다."고 주장하였습니다. 그는 "보편성이란 이름 아래 미국이 강요하는 시장주의란 문화적 다양성을 무시한 독선에 지나지 않는다."는 비판을 제기하면서 "세상에는 세 가지의 위험한 원리주의가 존재하는데 그것은 공산주의와 이슬람 원리주의,

혁명은 변두리 시골 빵집에서 시작된다

그리고 미국이 주장하는 시장 원리주의가 그것이다."고
하였습니다.

나아가 시장원리를 "유일하고 궁극적인, 이상적 질서"라
고 강요하는 아메리카즘은 종교적 원리주의와 다를 것
이 없다고 주장하였습니다. 또 아메리카즘을 "보편성의
허상에 근거하는 독선"에 지나지 않는다고 하면서 아메
리카즘을 뛰어넘는 패러다임은 각국의 특수성과 전통을
존중하는 "다신교적 공생주의"로 전환해야 할 시대라고
한 것입니다.

마찬가지로 마르틴 · 슈만의 『세계화의 덫』이란 책에서
도 자본주의에 대한 폐단에 대해 신랄히 파헤치고 있습
니다. 즉 그 대표적인 것이 실업 문제인데, 자본의 세계
화는 돈의 이동을 자유롭게 만들어 세계 어느 곳이든 값
싸고 효율적인 노동과 선택적으로 결합하게 됨으로, 앞
으로의 노동은 인간의 자기실현과 가족의 생계 수단이
란 사회적 의미를 상실하고 오직 생산요소의 기능만 가
지게 된다는 것입니다.

이렇게 되면 생산요소로서 노동은 자동화와 자본투자의
확대 등, 다른 생산요소에 의해 쉽게 대체될 수 있어 노
동의 가치를 떨어뜨리며, 고용불안과 세계적 실업의 대
란을 피할 수 없는 상황이 온다는 것입니다. 다시 말씀

드려서 실업의 대란은 중산층의 붕괴와 인간에 대한 존
경심, 삶의 가치와 의미에 대한 평가는 사라지고, 대신
재미만 생각하는 디즈니 문화만이 세상을 채워 나간다
는 것입니다.

동지 여러분!
이러한 풍요만 좇는 자본주의의 그 다음의 목표는 어디
에 있겠습니까?
공산주의는 하나의 대의(大義)인 가난으로부터의 해방을
약속했으나 이를 이행할 메커니즘이 없고, 자본주의는
그 메커니즘은 있으나 우리가 그 메커니즘의 노예가 아
니라 주인이라는 대의(大義)가 없다고 했습니다.
바로 그 대의(大義)가 없는 자본주의가 언젠가는 인간의
의지로서도 어쩔 수 없는 도덕의 몰락과 함께 인간의 손
을 떠날 수 있다는 것입니다. 따라서 애덤 스미스, 데이
비드 리카르도, 존 스튜어트 밀 같은 고전경제학자들도
그러한 우려 속에 경제학을 하나의 도덕학으로 간주하
였던 것입니다.
예를 들면 대부분의 학자들이 자유로운 시장을 신봉했
으나 그러한 자본주의는 인간의 이기심을 이용한 것이
며, 그 이기심을 공공선(公共善)으로 전환시키는 데 인간

의 도덕심의 작용이 얼마나 중요한가를 학자들은 지적한 것입니다. 나아가 기업이 이윤 추구에만 급급한 나머지 경제윤리와 도덕적인 문제를 무시한다면, 사회는 기업의 비도덕성을 치유하려고 기업 이상의 것을 찾으려고 할 것입니다.

즉, 시장체제는 이익 동기를 활용함으로써 경제 발전이 촉진하도록 고안되어 있으나, 우리나 알아본 것처럼 사회의 부정한 일을 수행하기 위해 보이지 않는 손에 의지해서는 안 되며, 이러한 보이지 않는 손은 시장의 적절한 기능을 통해 도덕적인 규칙을 반드시 필요로 한다는 것입니다. 결론적으로 "최적의 것이 되기 위해서는 도덕 자체가 시장에서 주요 세력이 되어야 한다."는 많은 경제학자들의 지적이 있었던 것입니다.

동지 여러분!

여기서 종합하고자 하는 것은 종전의 자본주의가 비난받는다면 그것은 분명 새로운 질서를 요구받고 있다는 것입니다. 앞의 여러 학자들이 말한 것처럼 우리가 지켜 오고 우상처럼 받들어 왔던 자본주의는 도덕적 기반을 근본으로 하여 왔다는 것입니다. 그러나 오늘날 우리 모두가 우려하듯이 세계는 지금 신자본주의로 이익과 시장의 법칙만을 유일한 매개변수로 하는 새로운 독점자본이 형성되고 있다는 사실입니다. 그래서 자본주의는 반성하여야 한다는 것입니다.

나아가 충분히 커지면 더 커지려고 하기보다는 더 좋아지려고 해야 한다는 점을 강조하면서 자본주의는 이제, 더 많이 생산하는 것보다는 더 나은 공정성을 향해 나아가야 할 때입니다.

그리고 이러한 모든 현상에 대해 국가와 정부는 자본 집약적 재벌과 미국의 시장원리를 내세워, 무조건적이고 가시적인 빅딜과 퇴출을 시행할 것이 아니라, 엄격한 도덕적 기준으로 구조조정의 본질을 생각해야 합니다. 즉, 자본주의가 우리 생활의 한 부분임에는 틀림이 없으나 그에 따르는 폐단과 역작용에 대해서 정치권이 문제를 제기하고 매듭을 풀어야 하는 것이 당연한 의무가 아니겠습니까?

그러나 동지 여러분! 어떻습니까?

이러한 관점에서 우리의 정치권은 환란과 관련한 신자본주의에 대해 꿈과 희망을 주며, 새로운 비전을 제시한다고 감히 말할 수 있겠습니까? 오히려 오늘날 역사와 풍요는 증발하고 개인의 고통만 남은 현실에서 정치는 없고, 환란의 원죄는 국민만이 지고 있지 않습니까? 그래서 바꿔야 한다는 것입니다. 여기서 기존의 정치인은 안 됩니다. 새 술은 새 부대에, 혁명적 변화를 위해서 소명의식과 사명감으로 완벽한 형태의 돌덩어리가 다 드러날 때까지 깎아 내어야 하는 것입니다. 바로 애덤 스미스가 "시장의 성장을 반대할 사람은 없겠지만 성장의 본질은 세상의 모든 쓸모없는 것들이 무한히 발생하는 것"이라고 말한 것처럼 말입니다. 따라서 국민의 선택에 의해 쓸모없는 기존의 정치가 다 드러날 때까지 깎아 내어야 한다는 것입니다.

그리고 이 모든 변화는 나 자신으로부터 출발하지 않으면 안 됩니다. 자본주의에 대한 폐단과 역작용, 그리고 정치에 대한 새로운 변화를 원한다면 우리 스스로의 변화, 즉 국민의 선택에 의해서만이 가능하기 때문입니다. 그러한 의미에서 오늘 여러분과 함께한 이 자리는 역사적으로 반드시 의미 있는 자리이며, 나아가 여러분의 의지와 용기, 정직과 진실, 희생과 봉사정신은 하나의 다짐이요, 이상이요, 사명감이며, 민족의 부름이 될 것이라고 믿어 의심치 않습니다.

끝으로 1000만 노동자와 300만 농민을 위해서 혁명에 대한 모든 방향 제시는 우리들의 몫으로 남을 것을 부탁드리면서 오늘의 주제 '자본주의여 반성하라.' 발표를 가름하고자 합니다. 감사합니다.

박수가 터졌다. 수많은 동지들의 열렬한 박수, 나뭇가지 사이로 바람이 휩쓸고 지나간 것이었다. 그러나 그들 동지들의 표정에는 힘차게 치는 박수보다 더 뜨거운 박수가 있었다. 가슴으로 짓누르는 그 무엇의 답답함과 우울함을 깨끗이 씻어 내는 후련함이랄까, 새로운 것을 기대하는 의욕들에 찬 박수였던 것이다.

그리고 이궤산 박사는 답례를 했다. 반드시 새로운 형태의 돌덩이가 다 드러날 때까지, 동지들을 대신해서 세상의 쓸모없는 것들을 모두 깎아 내겠다고, 또 한 번의 다짐을 했던 것이다. 그리고는 어둠과 함께 묵묵히 상념에 잠기면서 산을 내려오기 시작했다. 중얼거리는 그만의 독백을 내뱉으며……

시장의 성장을 반대할 사람은 없겠지만 성장의 본질은 세상의 쓸모없는 것들이 무한정 발생하는 것이라고, 정치의 성장을 반대할 사람은 없겠지만 성장의 본질은 쓸모없는 정치꾼들이 무한히 발생하는 것이라고, 그래서 그 쓸모없는 기존의 정치가 다 드러날 때까지 깎아 내겠다고……. 분명히 깎아 내겠다고…….

『내가 빵을 만들 때, 설탕이 달콤하다고 그것만 많이 넣으면 빵맛은 엉망이 되어 버린다. 또한 빵이 싱겁다고 소금을 많이 넣으면 그 빵 역시 이상하고 희한한 빵이 된다. 마찬가지로 우리 사회가 그렇다는 것이다. 어느 한쪽 극단으로 기울면 우리 사회는 엉망이 되어 버린다. 앞서 언급한 바와 같이 우리 사회는 지금까지 그러한 사회를 만들어 왔다. 바로 통합과 조화가 없는 불통의 시대, 균형이 잡히지 않은 사회를 만들어 왔다는 것이다.』

변두리 시골 빵집에서
균형이론을 펴다

　좌(左)는 우(右)를 보고 너무 보수적이라 한다. 그러나 우(右)는 좌(左)를 보고 너무 진보적이라 한다. 그리고 좌는 우를 보고 이기적이며, 자기밖에 모른다고 욕을 하고, 우는 좌를 보고 너무 혁명적이며 색깔이 있다고 삿대질을 한다. 나아가 좌는 중용(中庸)의 도(道)를 보고 '어용(御用)'이라 부르며, 우는 그것을 '중용 잡기'라 여겨 그 실체를 의심하며 경멸한다.

　참으로 개탄할 일이지만 이러한 좌우 세력의 논란처럼 우리의 정치인들은 눈만 뜨면 트집이었고, 만났다 하면 서로 불문곡직 시비를 걸곤 하였다. 그래서 시인 박노해 씨는 묻는다.

새는 무엇으로 나는가. 하늘을 나는 새를 보시오. 저 새가 오른쪽 날개로만 날 수 있소? 왼쪽 날개가 있고, 오른쪽 날개만큼 크기 때문에 저렇게 멋있게 날 수가 있는 게 아니오?

그리고 그는 말한다.

현실은 오른쪽 날개가 조금 더 크기 때문에 지금은 왼쪽 날개를 좀 더 키워야 하지 않느냐고? 우리 사회의 진리는 좌우의 균형, 즉 건강한 새의 몸통처럼 합리적 진보와 개혁적 보수를 동시에 견지해야 하지 않느냐고?

그렇다. 그러한 까닭으로 우리는 늘 우리 사회의 통합과 화합, 혹은 조화를 강조해 왔다. 다시 말해 내가 빵을 만들 때, 정해진 레시피에 따라 밀가루와 버터, 신선한 계란과 천연 이스트, 그리고 소금과 적당한 양의 설탕이 조화롭게 잘 버무려져야 품질 좋은 빵을 만들 수 있다.

바로 그러한 빵을 만들기 위해서는 각종 재료의 조화, 균형, 통합이 절대적으로 필요하다는 뜻이며, 이는 시인 박노해 씨의 논리처럼 균형 잡힌 사회, 즉 무게의 중심을 지켜야 한다는 것이다. 특히 올바른 균형추의 바늘처럼 진리의 성역으로 작은 것을 희생시켜 대의(大義)를 위해 살아야 한다는 점을 강조해 왔던 것이다.

그러나 우리의 현실은 어떠한가.

언제부턴가 정치권으로부터 시작된 망국적 지역주의, 그리고 꼴통 보수와 골수 진보라고 하는 양극단의 패거리 정치라는 극단으로 시작된 이 나라 정치는 진정한 비전과 정의는 내팽개친 채, 꼴통과 골수라고 하는 나누어 먹기식 선거를, 그 하나마나한 그놈의 나누어 먹기식의 선거를, 감정의 골이 패도록 '죽어라' 하고 치루지 않았나 하는 것이다.

쉽게 이야기해서 북한과 남한의 경우, 왜 남북으로 갈려져 대치하고 있는가? 그것은 북한 주민 때문일까 아니면 남한 주민 때문일까.

상식적인 이야기이지만 그것은 남북한 주민들의 문제가 아니라 부패하고 더러운 정치권력들이 만들어 낸 극단의 유산이 아닌가? 다시 말해, 극단을 고집한 그 추잡한 정치권력들이 같은 민족 내에서 피비린내 나는 전쟁까지 치르게 만들었고, 같은 민족끼리 통한의 생이별까지 하게 만든 반역사의 주범이 바로 극단에 서 있는 그들, 정치권력 자들이라는 것이다.

물론 그 원인으로 따지자면 북한 정치 권력자들의 비도덕성이 더 극에 달하고 있겠지만, 어쨌든 정치권력의 속성으로 시작된 같은 민족끼리의 갈등은 불행하게도 아직도 이어져 오고 있다는 것이다.

따라서 전라도와 경상도, 꼴통 보수와 골수 진보라고 하는 이러한 극단도 결론적으로는 국민이 만든 것이 아니라 추잡한 정치권력들이 그러한 문화를 만들었고 그들이 부추겨 왔으며, 그들의 이기심으로 암암리에 조장되어 왔다.

또한 이러한 지역주의와 진영논리는 국가와 민족, 그리고 우리 개개인의 삶에 있어서는 전혀 도움이 되지 않는 비생산의 이기일 뿐이었지만 정치꾼들은 언제나 그것을 이용하고 애용하는 하나의 전략이 되어 왔다.

그래서 시인 박노해 씨는 이러한 극단을 철저히 배격하고자 균형이론을 편 것이다. 다시 말해 내가 빵을 만들 때, 설탕이 달콤하다고 그것만 많이 넣으면 빵맛은 엉망이 되어 버린다. 또한 빵이 싱겁다고 소금을 많이 넣으면 그 빵 역시 이상하고 희한한 빵이 된다. 마찬가지로 우리 사회가 그렇다는 것이다. 어느 한쪽 극단으로 기울면 우리 사회는 엉망이 되어 버린다. 앞서 언급한 바와 같이 우리 사회는 지금까지 그러한 사회를 만들어 왔다. 바로 통합과 조화가 없는 불통의 시대, 균형이 잡히지 않은 사회를 만들어 왔다는 것이다.

그래서 우리는 지금, 그것을 타파하기 위해 균형이론으로 혁명을 해야 한다는 것이다. 그것도 중용의 도리로, 거리의 중간이 아닌 무게의 중심, 가운데, 균형이라는 것이다. 즉, 비상(飛翔)하고 싶은 새의 날개처럼 정확히 좌와 우를 모두 아울러 높이, 더 멀리, 희망을 볼 수 있도록 말이다.

더구나 그동안 있어 왔던 양극단의 정치권력들은 실제 부패한 악덕 자본주의까지 낳아 왔다. 다시 말해 좌파 정권이라고 불리는 참여 정부마저도 그 실상은 삼성과 재벌들을 위한 정책을 펴 왔다고 한다. 즉, 그들은 그들끼리의 범주 안에서 그들만의 향연으로 그들의 세상을 만들어 온 셈이었다. 총체적으로 황혼의 자본주의라고 하는 빈익빈 부익부의 현상, 그것은 바로 부패한 정권, 그 극단이 만들어 온 셈이라는 것이다.

결국 우리는 서민 대통령이라고 한 바보 노무현 대통령도 실패 했고, 경제 대통령이라고 하는 이명박 대통령도 실패했다. 더군다나 꼴통 보수로 평가되는 박근혜 대통령도 명확한 실패의 조짐이 보인다.

즉, 이 모든 실패의 원인은 그들이 그들만의 방식으로 한쪽 극단에 함몰되어 있었기 때문이다. 따라서 이러한 실패를 딛고 일어설 변두리 빵집에서의 혁명, 그것은 균형이론이라고 하는 대안론뿐인 것이다.

『나는 시골 변두리에서 빵을 굽는다. 아니, 빵을 굽는
게 아니라 황혼의 자본주의를 굽는다. 다시 말해 황혼의
자본주의는 빵을 구우면서 생각하는 혼이었고, 그 혼은
결국 내가 빵을 굽는 게 아니라 나의 혼이 구워진 것이
다. 따라서 새참용으로 먹는 시골 변두리 빵, 그것은 빵
을 먹는 게 아니라, 다시 일을 하기 위해 새로운 에너지
를 충전시키는 희망을 먹는 것이다.』

신비의 과학,
카오스이론과 빵집 혁명

신비의 세계, 불가사의한 우주, 알다가도 모를 인체의 신호는 혈압이 불규칙해야 오히려 정상이라고 한다. 심해 식물 폼페이 벌레는 섭씨 105도의 끓는 물에서도 거뜬하게 살아남을 수 있는 생명체이고, 단순해 보이는 신경세포로 구성된 뇌는 네트워크를 통한 유기적 신호교환으로 기억과 학습, 추론과 분석이라는 새로운 기능을 창출한다고 한다. 기존의 과학이 다한 후에 새로운 과학이 나타나고 그 새로운 과학은 하느님이 만든 우주과학을 모태로 하여 인간의 집요한 삶을 영위할 것이라고 한다.

자연, 인체의 불가사의한 문제를 푸는 열쇠, 그것은 비선형의 논리 카오스 이론에서 찾을 수 있다고 한다. 그리고 "신의 비밀"은 무엇일까. 21세기의 화두, 재미있는 비선형의 과학에서 말해 준다.

들쭉날쭉 등장하는 엘니뇨, 돌발적인 태풍의 경로 수정, 순식간에 일어난 공룡의 멸종⋯⋯. 신만이 알고 있는 자연의 비밀을 풀기 위해 '비선형의 과학'이 21세기의 화두로 떠오르고 있다. 세기말 혼돈과 무질서가 예견되면서 신만이 알고 있는 '방정식'을 파헤치려는 비선형의 과학이 시동을 걸고 있다.

미국 샌디에이고에서 열린 세계 비선형 카오스 학술대회는 "20세기 과학이 질서를 근간으로 하는 '선형'세계의 연구에 치중했다면 21세기 과학은 혼돈과 복잡성을 기초로 한 '비선형의 세계'가 될 것"이라고 천명했다. 선형의 과학은 '비례 방정식'이 근간 '1더하기 1은 2'라는 식의 기계론적 이론이다. 대포를 쏘았을 때 어디에 떨어질지가 정확히 예측되는 세계. 포탄이 엉뚱한 곳에 떨어지면 그것은 '우연'이나 '혼돈'으로 간주된다.

반면 비선형의 세계는 한마디로 예측불가의 이론을 말한다. 미세한 변화가 일어나 엄청난 결과를 초래하기도 한다. 카오스(혼돈)이론을 내놓아 비선형 과학의 지평을 연 미국 에드워드 로렌츠는 "베이징에서 나비가 날면 뉴

욕에 폭풍이 일 수 있다"는 '나비효과'로 비선형 과학의
특성을 설명했다.

냄비 속의 끓는 물과 담배연기도 비선형 현상의 대표적
인 예. 냄비를 서서히 가열하면 물은 예측 가능한 대류
현상을 보이다 끓는점을 넘어서면 예측불가능한 상태가
되어 용솟음친다. 담배연기도 마찬가지. 허공을 향해
떠오르던 연기는 어느 순간 복잡한 혼돈상태로 돌변한
다. 미시의 세계로 들어갈수록 자연은 불규칙과 혼돈의
모습을 강하게 띄고 있다.

여기서 하느님이 만든 이 놀라운 자연의 법칙에 과학적 증명
을 하려는 것이 카오스 이론가들이고 그들이 말하는 혼돈은 새
로운 질서와 함께 생겨난다는 것이다.

엄밀한 의미에서 이와 같은 새로운 과학만이 하나의 사물과
우리 인간 조직의 심장세포 하나, 혹은 신경세포 하나하나에
대한 커다란 간격을 좁힐 수 있는 유일한 논리라는 것이다.

이러한 카오스 이론은 '혼돈의 법칙'이라고도 하는데, 우주
의 원초적인 생리현상과 기상과학 측면에서 많이 연구된 이론
이다. 여기서 카오스 이론을 펴낸 저자 제임스 글릭의 말을 인
용하자면 "카오스는 원래 천지창조 이전의 완전한 무질서를
의미하기 때문에 우리말로 번역하면 혼돈이 되고 그가 이야기

하는 카오스는 완전한 무질서가 아니고 겉으로는 무질서하게 보이지만 내적으로는 놀라운 규칙성을 갖고 있는 현상을 지칭한다."고 한다.

　실제로 우리는 카오스 이론에 있어 무질서만을 의미한다면 그것은 과학의 대상이 될 수 없을 것이다. 그렇다면 기상과학 측면에 있어서 로렌츠가 이야기 한 '나비효과'란 예를 살펴보자.

　구름 한 점 없는 푸른 하늘에서 태양이 빛나고, 바람은 유리 위를 미끄러지듯 부드럽게 불었다. 밤은 오지 않았고 봄 날씨는 계속되었다. 비도 전혀 내리지 않았다. 기후는 마치 세상이 지상낙원으로 변한 듯한 온화한 계절의 한낮을 지나면서 느리게 그러나 분명히 변해 가고 있었다. 이런 때에 서울의 나비 한 마리가 공기를 살랑거리며 날아간 원인이 다음 날 혹은 그 다음에 뉴욕에서 폭풍이 일어난다.

　고 하면 독자들은 믿을 것인가? 그러나 그러한 원인도 '나비효과'라 하여 컴퓨터 그래픽으로 무수히 많은 도형을 그려 보면서 그 가능성과 관련성을 제시하는 것이 카오스 이론이다.

　즉 카오스 이론은 특별한 컴퓨터 기술과 특별한 그래픽 영상 그리고 복잡한 형태에 내재된 환상적이고 미묘한 구조를 나타내는 그림을 창조해 냈다. 즉, 무질서 속의 질서, 전혀 상관이 없는 것 같은 자연 현상들마저도 무한하고 미세한 부분까지 과학적 사고로 접근하면 모두가 그 간격을 좁힐 수 있다는 것이다. 또 많은 물리학자들은 카오스 이론이 상태보다는 과정의 과학이고, 존재보다는 변환의 과학이라고 말한다.

따라서 이러한 카오스 이론을 정리해 보면 우리의 생활 주변 모든 곳에 존재하고 있는 것, 즉 깃발이 바람 속에서 앞뒤로 펄럭거리는 것이나, 수도꼭지에서 물방울이 제멋대로 떨어지는 것에서도 찾아볼 수 있다. 그리고 카오스의 날씨, 항공기의 비행, 고속도로에 무리를 지어 몰려 있는 차들의 행렬, 지하송유관을 흐르는 석유의 흐름 속에서도 카오스의 논리는 존재하는 것이다.

대상이 무엇이든 상관없이 그 행태는 모두 새롭게 발견된 법칙에 따른다고 하는 것, 즉 이 작은 미세한 법칙에서 카오스는 위대한 과학과 엄청난 우주의 비밀까지 모두 섭렵하고 있다는 것이다.

그렇다. 결과적으로 카오스 이론은 시골 변두리 빵집에서 시작된 작은 혁명이 어떻게 새로운 시대조류의 거대한 힘으로 바뀔 수 있는지를 잘 설명해 주고 있다.

즉 카오스 이론은 "나비 한 마리가 날아간 원인 때문에 다음

날 폭풍이 일어날 수 있다."고 했다. 마찬가지로 "못대가리 하나 없으면 나라가 망할 수 있다."고 한다면 독자들은 믿을 것인가. 황당한 이야기인 것 같지만, 카오스 이론가들은 이러한 것도 그 실현 가능성을 열어 놓고, 무수한 컴퓨터 그래픽을 연결, 연결하여 그 미세한 부분을 상세히 설명하고 있다는 것이다.

다시 말해, 상식적으로 과연 "못대가리 하나 때문에 나라가 망할 수 있겠는가."라고 생각하겠지만 카오스 이론가들은 이것을 이렇게 설명하고 있다.

못이 없어 편자(말 발굽)를 박을 수 없었네.
편자를 박을 수 없어 말을 훈련시킬 수가 없었네.
훈련된 말이 없어 기마병을 양성할 수가 없었네.
기마병이 없어 전쟁에 졌네.
전쟁에 져서 결국 나라를 잃고 말았네.

이렇게 된다면 결국 못대가리 하나 때문에 나라를 잃어버릴 수 있는 가능성이 설명되는 것이 아닌가.

다시 말해, 처음엔 "못대가리 하나 때문에 나라를 잃어버릴 수 있다."라고 한다면 모두 황당하겠지만 카오스 이론가들처럼 위와 같이 그 미세함 부분을 연결했을 때는 상황이 좀 바뀔 수 있다는 것이다.

그렇다. 나는 시골 변두리에서 빵을 굽는다.

아니, 빵을 굽는 게 아니라 황혼의 자본주의를 굽는다. 다시 말해 황혼의 자본주의는 빵을 구우면서 생각하는 혼이었고, 그 혼은 결국 내가 빵을 굽는 게 아니라 나의 혼이 구워진 것이다. 따라서 새참용으로 먹는 시골 변두리 빵, 그것은 빵을 먹는 게 아니라, 다시 일을 하기 위해(새로운 사회를 만들기 위해) 불어넣는 혼, 즉 새로운 에너지를 충전시키는 희망을 먹는 것이다.

다시 말해 작은 못대가리 하나 때문에 나라를 잃어버릴 수 있다고 하는 것과 같이, 아니면 나비 한 마리가 살랑거리고 간 원인이 태풍이 된다는 카오스의 원리처럼, 이 작은 시골 빵집의 혁명은 지역을 넘어, 국가로, 세계로 더 널리 퍼져 나가기를 간절히 소망한다는 뜻이다.

『빵과 디저트가 있는 도시 파리-, 루브르 박물관을 지
나 몽마르트 언덕으로 올라서면 즐비한 빵집들 주변엔
거리의 악사들이 있다. 그리고 대한민국 청송군 현동면
오지중의 오지, 산골 변두리 빵집에선 환상적이고 군침
이 도는 빵들이 굽혀지고 있다. 아니, 빵들이 굽혀지고
있는 것이 아니라 몽마르트 빵집 악사들과 함께 노래를
부르고 있었다. 그래서 이 단원의 빵명은 "세기의 말,
새천년이여 내게로 오라"고 명명한다.』

세기의 말,
새천년이여 내게로 오라

세기의 말-. 새천년이 왔는데, 나는 무엇인가. 천 년을 기다려 새로운 천 년이 왔는데, 나는 무엇인가. 아직은 좀 더 강렬해지고 싶은 정열이 남았는데, 지난 천 년을 보내고도 나는 무엇을 아는가.

아! 꼭꼭 숨어 버린 사랑의 날들이여, 우리의 마지막 피날레는 지구의 끝 마을에 내리는 지독한 빈부. 그 빈부의 극단에서 우린 또 무엇을 원하고 있는가. 잃어버린 자유, 떠나는 영원, 본질은 자연의 섭리로 사는 공존의 개념이었는데……. 그것은 또 인류의 몫으로 살았는데……. 이제 한 줌의 재가 되어 천 년의 바람에 날리려나.

아! 천년의 노을이 탄다. 지구의 끝 마을에 내리는 핏빛 피날레처럼……. 홀로 남은 모래섬, 해후의 바닷바람까지 일더니만…, 부질없는 만종의 종소리는 나를 일깨우고, 지각없는 후회는 목 놓아 운다. 자유와 혁명, 그 포효하던 함성의 소리는 그래도 천 년을 남겼건만, 까닭 없는 이유는 왜 이리 눈물겨운 것들인가.

징징대는 인간은 태초부터 울었다 하지만…, 사랑의 날들은 지나간 봄날처럼 자꾸만 잊혀만 간다. 그래도 사랑의 날들이여, 신비도 아닌, 집착도 아닌, 인간의 땅을 떠날 수밖에 없다는 그 이유만으로 오늘처럼 확실한 나, 나는 무엇인가.

그리운 천 년을 보내고도, 또다시 내가 천 년을 살 수 있으련만, 그 천 년의 태양을 안고 있을 나는 또 무엇인가.

그러나 유엔의 평화, 지구의 한숨, 연성으로 달구어진 태양의 노을빛, 그 핏빛의 이념 뒤엔 타는 욕망의 소리, 브로드웨이를 질타하는 바그너의 그랜드 오케스트라처럼, 정열과 감동으로…, 얼룩진 포탄의 소리마저도 꿈꾸는 인간은 한줄기 희망으로 살아왔지 않은가?

아, 이름 없는 죽음, 감동 없는 평화, 곧 처박혀 스러질 빈곤의 아픔까지도 우린 너무나 알뜰하게 살아왔지 않은가? 그린피스를 사랑한 소로우의 노래처럼, "불쌍한 청어여", 모니카 르윈스키의 스캔들마저도 추억거리로 남긴 세기의 말, 그 천 년을 반역하고서도 우린 모두 눈물겹도록 살아왔지 않은가?

그리고 지치고 지칠 대로 끌려가는 인류의 상처, 코소보의 전쟁, 킬링필드의 죽음, 광주의 그날까지……. 이제 천 년의 입지를 내려 이름 없는 새들처럼 서서히 날개를 접는다. 그리고 꿈을 접는다.

아! 잊지 못할 천 년의 향연, 그래도 그것은 신과 함께 즐겼던 조화, 하모니였더니, 이제 신은 가고 찬란한 과학이 왔다. 기어이 올 것은 오고야 말겠다던 언약처럼 찬란한 과학이 온 것이다.

그래, 우성의 유전자로 조작된 우주의 용사여, 이제 신을 대신하여 우리의 지구를 지켜 줄 것인가, 냉엄한 현실에 쫓겨난 신은, 신은 가고, 더욱더 냉담해지는 인간은 증발하고 없는데…….

네스케이프 인터넷 사이트로 돌아 나오는 현란한 사이버의 세계, 웹 사이트로 꿈꾸는 터미네이터의 욕망, 그 속에 신은 이제 더 이상 존재하지 않는다고 하는데…, 그래도 빛이면 아름답다 하던 새날은 왔건만, 인간의 무엄함은 왜 자꾸 왜소해지는가.

아! 그러나 오라, 새천년이여, 나에게 오라. 아시아에
서 유럽으로, 유럽에서 아프리카로, 또다시 못 건너올
너의 오만도 아니건만, 우주를 가로질러 태양의 정수리
에 정열처럼 다는 영혼의 빛이 되어 나에게 오라.
네가 천 년이면 나는 일천 년, 그 빛나는 일천 년을 또
한 번 살면 그동안 이루지 못한 나머지 유희들을 다시
한 번 사르자꾸나. 그래서 상쟁(相爭)의 시대에서 상생(相
生)의 시대로, 뉴올리언스 재즈페스티벌의 축제처럼 전
자(電子)의 술을 마시고 풍요의 노래도 부를 수 있는 새천
년이여, 나에게 오라.

아아, 그리고 빛나는 과학의 힘.
언젠가 한 번은 올 것이라 믿었건만, 레이져 쇼와 타임
캡슐을 타고, 넘나드는 종(種)과 종(種)의 세계로…, 조직
된 의식, 짜릿한 흥분, 존재의 의미는 찬란한 과학의 힘
으로 일어서리라. 생물공학과 유전자의 조작, 그 영광
의 이름으로 힘차게 달려올 너의 이념들, 다가올 태양
이 빛이면 서슴없이 나에게 오라.
지구에 내리는 태양도 나의 체온에 알맞게 꼭지를 틀어

조절하고, 그리고 이념의 창가에 서서 나는 그 옛날 문학의 소년처럼 또다시 천 년의 이야기를 쓰리라. 사랑도 애증도 찬란한 과학으로, 과학으로 이루어졌다고, 나의 조작된 웃음도 과학으로 웃어 주리라고⋯⋯.

그러나 오라. 새천년이여, 나에게 오라. 다가올 태양이 빛이면 나에게 오라. 천 년을 사르는 너에게 평화의 종소리 울리고, 코발트 꿈을 실어 나르는 비단 잉어 떼의 지느러미처럼, 인도양 몰디브 해협을 지나 벅찬 나의 가슴으로 돌아오라.

아! 정열의 이 아침, 밝아 올 태양을 향해 빨간 너의 입술을 사랑하리라. 또한 타는 너의 진주빛 눈물, 내 품 안에 죽어서도 간직하리라. 그리고 천 년을 안고 스러질 나는, 나는⋯, 확실한 오늘처럼 살리라. 빛나는 천 년을 안고 이제 태양처럼 살아가리라.

『내가 구운 빵은 국가와 사회, 법과 규칙, 학교와 종교, 경찰과 군인 등이라고 하는 기존의 재료에 극좌와 극우, 꼴통 보수와 골수 진보라고 하는 특수한 맛을 내는 양념들을 모두 버무려 새로운 자본주의라고 하는 반죽을 만드는 것이고, 그 반죽에 "균형이론"이라고 하는 천연 이스트를 넣어 숙성과 발효를 거쳐 새로운 꿈과 희망이라는 "혁명의 빵"을 만들어 내는 것이다.』

혁명은 변두리
시골 빵집에서 시작된다

　"풍요만 좇는 자본주의 그다음 목표는 어디에"라고 하는 찰스 핸디는 릴케의 시(詩)적 언어를 빌어 한 철밖에 살지 못하는 "가여운 여치의 울음소리"에 비교하여 물질시대의 수사학, 돈의 언어에 너무 끌려 다니지 말라는 이야기를 한다.

　수천 수만 마리의 여치가 양치식물 아래서 끈질긴 울음소리로 들판을 채우고 있는 동안, 소들은 참나무 그늘 밑에서 조용히 되새김질을 하고 있다. 소들은 단지 시끄럽게 울어대는 여치들이 스스로를 들판의 유일한 존재로 여기지 않기를 바랄 뿐이다. 작고, 오그라지고, 비쩍 마른데다, 튀어 다니고, 한 철밖에는 살지 못하는 가여운 여치…….

　그리고 모든 것은 "자신에 맞지 않는 옷을 입지 말아라. 겉치레를 그만두어라. 더 이상 삶을 낭비하지 말아라."고 한다. 그러면서도 그는 우리 사회의 문제점을 명확하게 지적하기도 한다.

　자본주의 사회에서 우리는 지금 우리가 원하는 대로 할 수 있게 되었다. 다만 우리가 원하는 대로 할 수 있게끔 된 지금, 유일한 문제는 과연 우리가 무엇을 원하는가 하는 점이다.

　그러면서 이제는 더 많은 생산성보다는 더 나은 공정성을 향해 가야 함을 강조하고 있었던 것이다.
　그러나 우리 사회는 실제 찰스 핸디가 지적한 자본주의보다 훨씬 더 심각한 문제점을 안고 있다는 것에 그 한계를 느끼지 않을 수 없다. 다시 말해, 한 철밖에 살지 못하는 가여운 여치의 울음소리와 같이 이 땅 위의 자본주의라고 하는 실체, 그 실체를 열어 보니 온갖 잡동사니가 다 들어 있었던 것이다.
　즉, 프리섹스주의자들로부터 시작하여 매춘도 직업이라는

유럽 어느 나라 장관의 가치관까지, 그리고 '성적 자유'는 물론, 돈 많은 자본가는 얼마든지 쾌락과 유희를 마음대로 즐길 수 있다고 하는 그러한 구조를 가지고 있는 게 자본주의 사회였던 것이다.

막말로 사고파는 성(性), "오빠, 오늘 화끈하게 놀아 줄 테니까 나 돈 좀 많이 줘."라고 하는 부나비 같은 젊은이들과 그 대가를 지불할 수 있는 부자들의 거래 행위, 또 그것을 위해 존재하는 폭력과 살인, 그리고 마약이 있는가 하면, 검은 뒷거래가 존재하면서 엄청난 양의 돈은 그것이 부정한 방법의 것이든, 정당한 방법의 것이든 상관하지 않고 많이만 모이면 된다고 생각하는 사회가 된 것이다.

나아가 시청률, 혹은 조회수라고 하는 것이나, 아니면 CD가 몇 수만 장 팔리고, 동원된 관중 수가 얼마나 되느냐에 따라 그 가치 기준이 다르게 나타나는 할리우드의 흥행기록과 같은 것, 한마디로 그 모든 사회현상이 도박판의 포커게임과 같은 것으로 되어 있었던 것이다. 즉 끗발이 누가 좋으냐에 따라 인생은 달라지게 되어 있으며, 그 포커 판의 룰(rule)이란 것은 오늘날 우리 사회의 법과 규칙과 같은 것으로 교모하게 포장되어 가진 자들에게만 더욱 유리하게 돌아가고 있었다는 것이다.

그리고 다른 한편에선 가난과 빈곤으로 이 땅의 모든 악몽인

기아와 질병, 굶주림에 대한 고통과 괴로움, 눈물과 같은 그 긴 고독의 슬픔을 간직한 채, 쓰라리고 원망스러운 인생을 살아가고 있는데, 놀라운 사실은 그러한 현실에 대해 대다수의 사람들이 매우 냉정해져 가고 있다는 것, 즉 가난과 빈곤에 처한 사람들은 게으르거나 아니면 이제 아예 무능의 결정체인 것쯤으로 치부해 버린다는 사실이다.

어찌 되었든 우리 사회의 모든 현상들이 자본이라고 하는 돈만 쫓아 다녔던 것, 즉 "국가와 사회, 법과 규칙, 종교와 학교, 경찰과 군대" 등도 그 본래의 목적을 상실한 채, 한 판의 도박판을 위한 출세의 수단으로 모두 비쩍 마르고, 튀어 다니는 존재로 살아가고 있다는 것이다.

요약하자면 '노세, 노세. 젊어서 노세, 장구치고 북치고 진탕 한 번 놀아 봄세.'라고 하는 자본주의 속성과 같은 일부 층의 놀자 판에 나머지 수많은 사람들은 엑스트라가 아니면 하나의 장식품에 지나지 않는 사회가 되어 버린 것이 오늘날 우리 사회의 모습이라는 것이다.

따라서 이러한 자본주의 피폐, 그것은 황혼의 자본주의였다. 다시 말해, 그러한 극단만을 고집하는 자본주의, 그것은 이미 최악의 상태였던 것이다.

즉, 이러한 총체적인 현상에 대해 마르크스는 자본가 계급과 노동자 및 농민들 계급 사이에 치열한 투쟁을 벌이고 있는 게 오늘날의 사회였으며, 바로 이 사이에 있는 "국가와 정부, 법과 규칙, 학교와 종고, 경찰과 군대"라고 하는 것 등이 존재한다고 할 수 있는데, 그들의 부패성은 우리 사회의 악을 조장하는 가장 나쁜 것이라 주장하였던 것이다. 나아가 이러한 사회악의 위치에 있는 "국가와 정부, 법과 규칙, 학교와 종고, 경찰과 군대" 등을 극단적인 방법으로 모두 붕괴시켜야 한다고까지 한 것이 바로 마르크스의 논리였던 것이다.

그러나 그것은 톨스토이가 지적했던 것처럼 또 다른 극단에 불과할 뿐이었으며, 구소련을 포함하여 동유럽 국가들의 실패, 나아가 북한의 형태와 같이 이 지구상의 전무후무한 희한한 독재자의 모습을 보았을 때, 마르크스의 논리는 꽤나 선동적이었거나, 아니면 허구라는 사실만 우리 스스로에게 확인할 수 있었다는 것이다.

어쨌거나 마르크스가 지적한 우리 사회의 부패성, 그 부패성에 대해서는 이미 수많은 경제, 사회의 학자들과 정치권의 사람들, 그리고 그 외 일반 사람들까지 동의하고 있으나 그 치유 방식에 대해서는 각기 전혀 다른 생각을 가지고 있을 수 있다는 것이다.

즉, 시골 변두리 빵집에서 빵을 굽고 있는 필자마저도 우리 사회의 부패성에 대해서는 전적으로 동의하나 그 치유 방식은 선거를 통한 정치 혁명만이 오직 유일한 방법이라 생각하고 있다는 것이다.

다시 말해 "국가와 사회, 법과 규칙, 학교와 종교, 경찰과 군대"라고 하는 것들의 변화는 오직 정치 행위로만 가능하고, 그 변화의 중심에는 시인 박노해 씨의 균형이론, 즉 중용의 도(道)에 의한 깨어 있는 선거 혁명만이 부패한 사회를 바꿀 수 있는 계기가 된다는 것이다.

결론적으로 부패한 자본주의를 치유하기 위해서 우린 무언가 하긴 해야 한다. 그러나 한때 몽상가 교수로 불려 왔던 필자는 지금은 빵을 굽고 있다. 다시 말해, 부패한 자본주의와 황혼의 자본주의의 치유책에 대해서 늘 생각해 보지 않을 수 없었으나, 지금은 이 오지 마을의 시골 빵집에서 빵이나 굽고 있으니, 아무리 생각해 보아도 별 뾰족한 방법이 없었던 것이다.

그런 와중에 와타나베 이타루의 『시골 빵집에서 자본론을 굽다』라는 책과의 만남, 그 기이한 만남은 나의 몽상가 기질을 다시 한 번 불러오게 한 계기가 되었다.

그래서 굽는다.

이 시골 변두리에서 빵을 굽듯이 자본주의에 대한 혁명을 굽는다.

즉, 변두리에서 시작된 작은 혁명, 그것은 극단만을 고집하는 자본주의에 대한 혁명이다.

다시 말해, 자본주의의 부패성, '빈익빈, 부익부,'라고 하는 한쪽만을 고집하는 극단, 그것은 그들만의 극단으로 인해 또 다른 극단을 불러올 것이란 것은 너무나 자명하고 명약관화한 논리이다.

때문에 마르크스의 혁명이 아니라도 새로운 정치혁명은 반드시 필요하다는 것이다.

특히 정치에는 생산도 있고, 분배도 있으며, 다 같이 사는 복지도 있다. 다시 말해 정치에는 피폐한 자본주의를 다시 복원시킬 수 있는 이상도 있고, 극단을 극단으로 치유할 수 있는 중용잡기도 있다.

또한 정치는 우리 모두의 역량을 거울삼아 지역을 바꾸고, 국가를 바꾸며, 세상을 바꿀 수 있는 무한한 가능성이 있는 실체이기도 하다.

그래서 좌와 우를 아우를 수 있는 균형이론, 바로 새의 날개와 같은 중용의 정치로 모두를 비상 할 수 있게 만드는 꿈과 희망이 되어야 한다는 것이다.

이에 나는 그 꿈과 희망을 위해 하나의 논리를 생각해 냈다.

즉, 내가 구운 빵은 국가와 사회, 법과 규칙, 학교와 종교, 경찰과 군인 등이라고 하는 기존의 재료에 극좌와 극우, 꼴통 보수와 골수 진보라고 하는 특수한 맛을 내는 양념들을 모두 버무려 새로운 자본주의라고 하는 반죽을 만드는 것이고, 그 반죽에 "균형이론"이라고 하는 천연 이스트를 넣어 숙성과 발효를 거쳐 새로운 꿈과 희망이라는 "혁명의 빵"을 만들어 내는 것이다.

다시 한 번 언급하지만, 우리는 서민 대통령이라고 하는 바보 노무현 대통령의 실패를 보아 왔고, 경제 대통령이라고 하는 이명박 대통령의 실패도 보아 왔다. 그리고 꼴통 보수로 비추어진 박근혜 대통령의 실패 조짐도 이미 예단하고 있다. 다시 말해, 꼴통 보수와 골수 진보, 그들의 패거리 정치에 대한 환멸이 이젠 극에 달하고 있다는 것이다.

그래서 버무려 굽는다, 새참으로 먹는 혁명의 빵, 그 패거리 정치는 모두 엮어 새로운 에너지를 충전하기 위해, 우리의 신념과 정신문화를 버무린 혼을 굽는 것이다.

그리고 그것은 카오스의 원리처럼 태풍이 되기를 기원한다. 즉, 시골 빵집에서 조용히 시작된 혁명은 느리게, 느리게, 그러나 분명히 변해 가는 로렌츠의 '나비효과'와 같이 우리 모두

의 미래에 대한 꿈과 희망으로 비상하는 태풍이 되기를 기원한
다. 그래서 혁명은 변두리 시골 빵집에서 시작되는 것이다.

『빵들도 촛불을 들었다. 그러나 그들은 절 때 다른 의도
는 없다고 한다. 오직 부패한 우리사회가 바뀌고 변할
수 있도록 간절한 마음에서 혁명의 촛불을 들었다고 한
다. 다행히 빵들에게는 자본주의 속성과 같은 그런 이기
심은 없었다. 그리고 대권 욕심도 없었다. 더구나 최순
실과 같은 그런 어둠의 세력은 더더욱 없다고 한다. 천
만 다행이었다.』

가짜 애국심과 가짜 촛불 뒤에 숨어 있는 어둠의 세력이 있다

내가 이 글을 마무리할 때쯤 수백만 촛불이 들끓고 있다. 즉, 대한민국 민심이 들끓고 있다는 것이다. 서울 시청은 물론이고 광화문 광장, 청운동 주민센터, 경북궁사거리 등, 청와대를 둘러싸고 대통령의 퇴진과 탄핵을 외치고 있다. 그리고 정치권은 탄핵에 대한 이해득실과 박근혜 이후의 정치권력 상황에 대해 나름대로 발 빠른 계산기를 두드리고 있다. 혼란스러운 대한민국, 정치 · 경제 · 사회 · 문화 분야 등 모든 곳에서 사분오열하면서 미래 권력을 향해 전면 대치전이 벌어지고 있다. 그리고 또 한쪽에선 박근혜가 하야하면 이 나라는 공산주의 사회, 즉 마르크스의 세상이 올 것이라 염려한다.

따라서 시골 빵집에서 조용히 빵을 굽고 있는 나로서는 참으로 개탄스러운 진풍경의 광경을 바라보지 않을 수 없다. 이에 이 책을 마무리하면서 짧게나마 필자의 의견을 개진하고자 한다.

먼저 꼴통 보수로 포장된 박근혜 정권은 모든 것을 내려놓아야 한다. 왜냐하면 그의 애국심은 이미 가짜였음이 들통 났기 때문이다. 그리고 그가 말했던 '배신의 정치', 그것은 그 자신의 것이었다. 즉, 그는 지난 2015년 6월 25일 국무회의에서 모모 정치인을 겨냥해 '배신의 정치'를 하지 말라고 했었다. 그러나 그 배신은 정작 박근혜 대통령 자신의 것으로 돌아온 것이다. 다시 말해 대통령은 그동안 대한민국 국민 모두를 철저히 속여 왔고, 철저히 감추려 하였으며, 철저한 배신의 통치를 하고 있었던 셈이었다.

그래서 국민이 화가 났다. 특히 그를 지지했던 보수층의 울화통은 정말 감정을 조절조차 하기 힘든 엄청난 것이었다. 따라서 100만, 200만의 촛불 집회는 그 화의 분출이다. 국민을 속여 왔던 박근혜를 향해 회초리를 들었으며, 그 회초리의 의미는 더 이상 국민을 속이지 말고 하루 빨리 내려오라는 메시지이다. 그리고 국민들은 이제 그의 말과 행동은 전혀 믿지도 않을뿐더러 미사여구가 담긴 어떠한 담화를 발표한다고 하여도 더 이상 그를 신뢰하지 않는다.

다시 말해 그의 권위와 위상, 대통령으로서의 품위는 물론

이려니와 대통령으로서의 자격 자체도 인정하지 않는다는 것이다. 왜냐하면 박근혜의 가짜 애국심과 그의 이중성을 확인했기 때문이다. 그리고 그 가짜 애국심 뒤에 숨어 있는 어둠의 세력들, 그들의 실체도 함께 보았기 때문이다.

따라서 대통령은 이러한 국민적 요구에 최소한의 양심이 있다면 하루 빨리 하야를 선언하고 정상적인 법의 심판대 앞에 서야 한다. 아울러 대통령을 앞세워 나라를 좀먹은 파렴치범들, 바로 최순실과 그 일당들, 나아가 그 주변을 둘러싸고 있는 어둠의 세력들, 그 모두는 검찰의 몫으로 단죄되어야 한다.

그리고 촛불 민심, 그것은 국민의 회초리다. 100만, 200만 명이 모인 것은 화가 잔뜩 났다는 것이다. 따라서 이제 그건 정치권이 답을 해야 할 차례다. 박근혜 이후의 해법들, 여당도 야당도 자기들의 주장만 할 게 아니라 국민을 안심시키고, 화를 풀 수 있는 답을 내놓아야 할 차례다.

정치 지도자들이 회초리를 든 국민들에게 자기반성과 미래 정치 일정에 대한 답은 내놓지 않고 이러한 국면을 즐기고만 있다면 그건 또 다른 어둠의 세력일 뿐이다. 그리고 그건 정의롭지도 않고, 올바른 정치 지도자로서의 모습도 아니다. 말하자면 그들이 박근혜 정권 이후의 사태에 대한 그 자신들의 유·불리, 즉 그러한 대권가도의 계산들로만 꽉 차 있다면 그건 이미 가짜 촛불이 될 수밖에 없기 때문이다.

4. 혁명은 변두리 시골 빵집에서 시작된다

즉 여기에는 국민은 없고, 그들의 이기심만이 존재한다. 다시 말해, 가짜 애국심 뒤에 숨어 있는 어둠의 세력과 마찬가지로 순수한 촛불 민심 뒤에 숨어 있는 어용 촛불, 바로 또 다른 어둠의 세력이 되기 때문이다.

그렇다. 나는 변두리 시골 빵집에서 부패한 자본주의를 바꾸어 보려고 하고 있다. 다시 말해 "국가와 사회, 법과 규칙, 학교와 종교, 경찰과 군대"라고 하는 것들의 변화는 오직 정치 행위로만 가능하고, 그 변화의 중심에는 선거 혁명만이 부패한 사회를 바꿀 수 있는 유일한 방법이라고 했다.

특히 정치에는 생산도 있고, 분배도 있으며, 다 같이 사는 복지도 있다. 즉 정치에는 피폐한 자본주의를 다시 복원시킬 수 있는 이상도 있고, 극단을 극단으로 치유할 수 있는 중용잡기도 있다. 또한 정치는 우리 모두의 역량을 거울삼아 지역을 바꾸고, 국가를 바꾸며, 세상을 바꿀 수 있는 무한한 가능성이 있는 실체이기도 하다.

다시 말해 내가 빵을 만들 때, 설탕이 달콤하다고 그것만 많이 넣으면 빵맛은 엉망이 되어 버린다. 또한 빵이 싱겁다고 소금을 많이 넣으면 그 빵 역시 이상하고 희한한 빵이 된다. 마찬가지로 우리 사회가 그렇다는 것이다. 어느 한쪽 극단으로 기울면 우리 사회는 엉망이 되어 버린다. 앞서 언급한 바와 같이 우리 사회는 지금까지 그러한 사회를 만들어 왔다. 바로 통합과 조화가 없는 불통의 시대, 균형이 잡히지 않은 사회를 만들어 왔다는 것이다.

그래서 우리는 지금, 그것을 타파하기 위해 균형이론으로 혁명을 해야 한다는 것이다. 그것도 중용의 도리로, 거리의 중간이 아닌 무게의 중심, 가운데, 균형이라는 것이다. 즉, 비상(飛翔)하고 싶은 새의 날개처럼 정확히 좌와 우를 모두 아울러 높이, 더 멀리, 희망을 볼 수 있도록 말이다. 즉 우리는 서민 대통령이라고 한 바보 노무현 대통령도 실패도 보아 왔고, 경제 대통령이라고 하는 이명박 대통령도 실패도 보아 왔다. 더군다나 꼴통 보수로 평가되는 박근혜 대통령에 대한 명확한 실패의 조짐은 현실이 되고 있다.

이 모든 실패의 원인, 그것은 그동안 그들이 그들만의 방식으로 한쪽 극단에 함몰되어 있었기 때문이다. 따라서 이러한 실패를 딛고 일어설 변두리 빵집에서의 혁명, 그것은 '혁명은 변두리 빵집에서 시작된다'라고 하는 대안론뿐인 것이다.

따라서 나는 지금 이 책을 출판하기 위해 돌아가고 있는 윤전기를 잠시 세워 두고, 나의 짧은 의견을 다시 한 번 언급하고자 한다. 현 상황을 어떻게든 모면해 보려고 하는 가짜 애국심 뒤에 숨어 있는 어둠의 세력들, 그리고 순수한 촛불 뒤에 가짜 촛불을 들고 이 상황을 즐기고만 있는 또 다른 어둠의 세력들, 이 모두는 우리가 경계해야 할 혁명의 대상이라고 말이다.

글을
마치며

　책을 마무리하면서 신에게 기도를 했다, 내가 어떤 부류의 사람인가를, 그리고 내가 어떤 생각을 가지고 있고 어떤 모습의 소유자인가를, 또 내가 무엇에 대해 그렇게 애타게 쓰려고 했는지를……

　결국 속이 꽉 차지도 않은 채, 제대로 영글지도 못한 풋과일의 수줍음과 같이 미숙한 열매로 출시하게 되었지만 말이다.

　그리고 또 기도를 했다. 날마다 하나씩의 주제를 두고 생각하며 고독을 삼켰던 것들, 그리고 많은 의문을 풀어헤쳐 놓으면서 불면의 밤과 씨름하였던 사실들을, 못난 언어들을 조합하는 데 있어 나와 내 자신을 자책했던 그 모든 것들을, 이제는 용서해 달라고.

그러한 모습 속에 비춰진 내 자신마저도 아내와 아이들에게는 매우 미숙하게 보였을지 모르겠다고, 그래서 용서해 달라고.

더구나 미숙한 풋과일을 들고 맛을 보라며 떠밀었던 많은 사람들에게 결례가 되지 않았는가를 조용한 밤이면 생각을 해 보지만 그 결례도 이제는 용서해 달라고, 나의 신을 보고 기도를 했던 것이다.

때로는 그러한 의미와 사유로 인해 맺혀 있던 응어리를 나만의 작업실에 풀어 놓기도 했다. 그러면 그 작업실에 있던 나의 신은 찰스 핸디의 이야기처럼 점잖게 말한다.

"인생의 겉치레는 이제 그만두어라", "더 이상 삶을 낭비하지 말고 자신에 맞지 않는 옷을 입지 말아라." "진정한 자신 위에 얹어져 있는 자아를 만나고 그리고 거듭나라."라고 하면서 희망과 용기, 감사의 그릇이라고 하는 불씨를 남겼던 것이다.

그리고는 만족스럽진 않지만 우리의 삶도 늘 그렇게 뜯어 놓으면서 또다시 조합하며 살아가고 있다는 사실을, 그래서 신은 모든 것을 알고 있을 것이라고 믿고 싶었던 것이다. 그리고 그 모든 사실들은 어떻게든 신의 뜻대로 되겠지만 신은 신만이 아는 비밀을 아직 풀어 놓지를 않았던 것, 그것은 아직 남은 희망과 용기, 감사의 그릇이라고……. 그래서 신에게 기도를 하는 것이다.

나아가 나의 나머지 미숙함은 어쩌면 신의 몫으로, 신은 그래도 그 미숙함에 대해 신의 존엄과 능력으로 감싸 안아 줄 것이라고, 그러면서 신의 이야기를 듣고 싶었던 것이다.

그래서 닐 도널드 월시의 『신과 나눈 이야기』에서 신이 내게 물었던 것처럼 "너는 아직도 방황하고 있느냐"고, 그리고 그 신의 이야기는 계속 들려오고 있었던 것이다.

나는 네 마음이 울부짖는 걸 들어 왔다. 나는 네 영혼이 찾아 헤매는 걸 봐 왔다. 나는 네가 얼마나 간절히 진리를 바랐는지 안다. 너는 고통 속에서 그것을 달라고 소리쳤으며, 기쁨 중에도 소리쳤다. 너는 끝없이 내게 간청했다. 나(神)를 보여 주고, 나를 설명해 주고, 나를 드러내 달라고.

지금 여기서 나는 그렇게 하고 있다. 네가 결코 오해할 수 없는 지극히 평이한 용어들로, 네가 결코 혼동할 수 없는 지극히 평범한 언어로, 네가 장황함 속에서 헤맬 리 없는 지극히 단순한 어휘들로, 나는 너의 오만함이 제거된 가장 순수하고 간절히 바라는 너를 지켜보고 있다고……